ARNDT SCHULZ

Erholungsverkehr
und Freiraumbelastung
im Rheinland

■

Die Erholungsgebiete
der Eifel

BEITRÄGE ZUR LANDES-ENTWICKLUNG

26

Herausgegeben vom
Referat
Landschaftspflege

1973
Landschaftsverband Rheinland Köln

ARNDT SCHULZ

Erholungsverkehr und Freiraumbelastung im Rheinland
mit 3 Karten

■

Die Erholungsgebiete der Eifel
mit 7 Karten

1973
Rheinland-Verlag GmbH Köln

Erarbeitet im Auftrag des Landschaftsverbandes Rheinland
— Referat Landschaftspflege —, D-5000 Köln 21, Kennedy-Ufer 2
Als Manuskript vorgelegt
Beitrag 1: 15. 12. 1971, überarbeitet 1972
Beitrag 2: 30. 12. 1970, überarbeitet 1971/72
Anschrift des Verfassers:
Geograph Arndt Schulz M. A., D-5000 Köln 1, Kleingedankstraße 5

Für den Inhalt der Arbeiten ist der Verfasser verantwortlich.
© 1973 Landschaftsverband Rheinland — Referat Landschaftspflege —
Schriftleitung Ursula Kisker
Umschlaggestaltung: Gregor Kierblewsky
Herstellung: Publikationsstelle des Landschaftsverbandes Rheinland
Weiss-Druck Monschau
ISBN 3-7927-0168-5

Vorbemerkung des Herausgebers

Mit zwei wissenschaftlichen Arbeiten über grundlegende Aspekte des Erholungswesens im Rheinland wird die Schriftenreihe »Beiträge zur Landesentwicklung« fortgesetzt.

Die erste Untersuchung über » E r h o l u n g s v e r k e h r   u n d   F r e i r a u m b e l a s t u n g   i m   R h e i n l a n d « wurde im Hinblick auf die steigende Belastung der Erholungsräume dieses Landes als Grundlage für die regionale Freizeit- und Erholungsplanung erarbeitet. Die Ergebnisse empirischer Erhebungen in den wichtigsten Großerholungsräumen des Rheinlandes, vom Verfasser in den Jahren 1966 bis 1971 im Auftrag des Landschaftsverbandes Rheinland — Referat Landschaftspflege — ermittelt, bildeten das Ausgangsmaterial für diese Arbeit. Sie soll für die Landes- und Entwicklungsplanung in Nordrhein-Westfalen die erforderlichen Grundlagen über die Freizeit- und Erholungsansprüche der Bevölkerung an den Freiraum, insbesondere die derzeitige quantitative und qualitative Beanspruchung der vorhandenen Erholungsräume liefern. Mit den Ergebnissen wird u. a. ein brauchbarer Vergleichs- und Bewertungsmaßstab gefunden, der den Ansatz für ein räumliches Kapazitäts- und Verteilungsmodell des Erholungsverkehrs im Rheinland bildet. — Die Untersuchung wurde Ende 1971 abgeschlossen und anschließend als vervielfältigtes Manuskript in einer Arbeitsstudie verschiedenen Behörden, Fachstellen und Institutionen zur Stellungnahme vorgelegt. Nach Berücksichtigung der von dort angeregten Ergänzungen kann die Arbeit nunmehr einem größeren Leserkreis zugänglich gemacht werden.

Mit der zweiten vorwiegend analytischen Arbeit über » D i e   E r h o l u n g s g e b i e t e   d e r   E i f e l « wird eine zusammenfassende Darstellung des Erholungsraumes Eifel und seine Gliederung in regionale Erholungsgebiete vorgelegt. Sie wurde 1969/70 auf Veranlassung des Eifelvereins erarbeitet, dem sie u. a. als Grundlage für die beabsichtigte Neugestaltung des »Eifelführers« dient. Der Entwurf wurde dem Land Rheinland-Pfalz — Ministerium für Unterricht und Kultus — zur Kenntnis gegeben, die Anregungen und Ergänzungen eingearbeitet und 1971 als Arbeitsstudie vervielfältigt. Als landeskundliche und planungsorientierte Studie bildet diese Arbeit einen wichtigen Beitrag zur Erschließung und Förderung der Eifel als Erholungslandschaft.

Die beiden Untersuchungen wurden vom Verfasser im Auftrag des Landschaftsverbandes Rheinland — Referat Landschaftspflege — in den Jahren 1969/70 und 1971 durchgeführt. Beratung, Abstimmung, Überarbeitung und Druckvorbereitung erforderten einen längeren Zeitraum. Durch den hinausgezögerten Veröffentlichungstermin ist die Aktualität einiger Ergebnisse beeinträchtigt. Doch auch wenn einzelne Strukturdaten älter werden, bleiben die durch sie gesetzten Trends und Erkenntnisse planungsrelevant.

Köln, im Dezember 1972 Der Herausgeber

Erholungsverkehr und Freiraumbelastung im Rheinland

mit 3 Karten

Inhaltsverzeichnis

11	1.	Zielsetzung
12	2.	Grundlagen des Erholungsverkehrs im Rheinland
12	2.1	Geographische Lage und Raumstruktur
12	2.2	Historische Entwicklung des Erholungsverkehrs
13	2.3	Freizeit- und Erholungsangebot im Freiraum
14	3.	Erholungsverkehrsnachfrage im Rheinland
14	3.1	Urlaubsverkehr
14	3.2	Wochenendverkehr
16	4.	Der übernachtende Erholungsverkehr im Rheinland nach der Fremdenverkehrsstatistik
16	4.1	Beherbergungsbetriebe
17	4.2	Sonstige Beherbergungsstätten
17	5.	Der Tageserholungsverkehr im Rheinland aufgrund von Sekundär- und Einzelstatistiken
17	5.1	Allgemeine Verkehrsstatistiken
18	5.2	Besucherstatistiken
18	6.	Der Erholungsverkehr in den Großerholungsräumen des Rheinlandes
18	6.1	Die Untersuchungsgebiete
19	6.2	Fremdenübernachtungen
19	6.21	Umfang und Verteilung
20	6.22	Aufenthaltsdauer und Saisonverlauf
21	6.23	Gästestruktur und Einzugsbereich
22	6.3	Tagesbesucher
22	6.31	Erfassungsmethode
22	6.32	Besucheranzahl
23	6.33	Wettereinfluß und jahreszeitliche Schwankungen
23	6.34	Einzugsbereich
24	6.35	Erholungsschwerpunkte
26	6.36	Besucherstruktur
27	6.4	Allgemeine Struktur- und Belastungsmerkmale
29	7.	Entwicklungstendenzen
31		Literaturverzeichnis

Verzeichnis der Karten im Anhang

48/49	Karte 1:	Großerholungsräume im Rheinland, Landesteil Nordrhein Lagebeziehung
50/51	Karte 2:	Großerholungsräume im Rheinland, Landesteil Nordrhein Fremdenübernachtungen pro Jahr
52/53	Karte 3:	Großerholungsräume im Rheinland, Landesteil Nordrhein Tagesbesucher, Spitzenbelastung

1. Zielsetzung

Die erhebliche Zunahme des Erholungsverkehrsaufkommens [1] hat dazu geführt, daß heute in Deutschland große Teile der Landschaft, die früher einmal ausschließlich der Land- und Forstwirtschaft als Produktionsraum zur Verfügung standen, die Grundfunktion der Erholung übernommen haben. Einkommensteigerung, Freizeitverlängerung und der zunehmende Agglomerationsprozeß in unserer Gesellschaft haben den Flächenbedarf für Freizeit und Erholung potenziert. Dies betrifft vor allem die Freiräume [2] im Umkreis der Ballungsgebiete, die besonders intensiv vom Naherholungsverkehr in Anspruch genommen werden. Dabei sind eine Vielzahl akuter Planungsprobleme entstanden:

Unkoordinierte Raumansprüche, insbesondere konkurrierender Bedarf an Erholungs- und Siedlungsflächen;

Funktionsstörungen, z. B. die Überlagerung und Verdrängung des Kur- und Urlaubverkehrs in traditionellen Ferienorten durch den Wochenendverkehr;

partielle Überlastungserscheinungen, vor allem durch die Massenerholung;

Fehlbedarf bei der Erholungsinfrastruktur, insbesondere mangelnde Freizeitangebote und Verkehrsanlagen;

Landschaftsrisiken und Landschaftsschäden, z. B. Gewässerverschmutzung, Beeinträchtigung der Flora und Fauna.

Durch den steigenden Besucherdruck auf die ballungsnah gelegenen Freiräume sowie die räumliche und zeitliche Konzentrierung der Nachfrage werden diese Probleme weiter verschärft. Für die regionale Erholungsplanung ergeben sich daher eine Reihe schwieriger Aufgaben.

Neben Untersuchungen über die potentiellen Nachfrager im sogenannten Quellgebiet des Erholungsverkehrs sind sogenannte Zielgebietsuntersuchungen über die reale Beanspruchung der Erholungsräume erforderlich. Ihre Ergebnisse bilden zusammen mit den landschaftsökologischen Grundlagen und Angaben über die Belastbarkeit dieser Freiräume die Voraussetzung zur Entwicklung von Leit- und Rahmenplänen für Erholungsgebiete, aus denen dann konkrete Maßnahmepläne abgeleitet werden können (44).

In Nordrhein-Westfalen ist die Notwendigkeit zur Erarbeitung derartig umfassender Planungsgrundlagen bereits sehr früh erkannt worden. Dies hängt u. a. mit der außergewöhnlich hohen Belastung der Erholungsräume dieses Landes zusammen, wie sie in der Bundesrepublik kaum einen Vergleich findet.

Die Landesregierung von Nordrhein-Westfalen hat deshalb auch die Freizeit- und Erholungsplanung zu einem ihrer wichtigsten Aufgabenschwerpunkte erklärt. Dies findet u. a. auch in den beabsichtigten öffentlichen Investitionsmaßnahmen des Landes seinen Niederschlag. So wird im Nordrhein-Westfalen-Programm 1975 mit insgesamt 133 Mio DM die Errichtung und Inangriffnahme von 40 Tageserholungsanlagen gefördert. Weitere 200 Mio DM fließen in Maßnahmen zur Förderung der Wochenend- und Ferienerholung (18).

Mit der vorliegenden Untersuchung soll der Landes- und Entwicklungsplanung in Nordrhein-Westfalen ein grundlegender Beitrag zum Problembereich Freizeit und Erholung geliefert werden. Als vorwiegend analytische Arbeit vermittelt sie wichtiges Grundlagenmaterial über die Freizeit- und Erholungsansprüche der Bevölkerung an den Freiraum, insbesondere die derzeitige quantitative sowie qualitative Beanspruchung der vorhandenen Erholungslandschaften und ihre konkrete Nutzung durch den Erholungsverkehr [3]. Damit wird erstmals der ganze Umfang der tatsächlichen Belastung der hier gelegenen Erholungsräume aufgezeigt.

Mit den verschiedenen Ergebnissen über die Nutzungsintensität und Besucherstruktur wird ein brauchbarer Vergleichs- und Bewertungsmaßstab gefunden, der u. a. Ansätze für ein räumliches Kapazitäts- und Verteilungsmodell des Erholungsverkehrs bietet, wie es von jeder Rahmenplanung als Entscheidungsgrundlage für alle infrastrukturellen Planungsmaßnahmen auf dem Freizeit- und Erholungssektor benötigt wird.

Der Untersuchungsraum beschränkt sich auf den Landesteil Nordrhein des Landes Nordrhein-Westfalen. Im folgenden wird lediglich die Bezeichnung R h e i n l a n d verwendet, wie sie sich auch im administrativen Sprachgebrauch, z. B. Landschaftsverband Rheinland, Landesplanungsgemeinschaft Rheinland, Landesverkehrsverband Rheinland, durchgesetzt hat. Historisch und vor allem landeskundlich gesehen sind mit diesem Namen natürlich auch noch weite Bereiche der Bundesländer Rheinland-Pfalz und Hessen erfaßt.

Als Materialgrundlage für die Untersuchung dienten u. a. eigene empirische Erhebungen in den wichtigsten Großerholungsräumen des Rheinlandes, deren Einzelergebnisse teilweise bereits veröffentlicht wurden (19, 20, 21, 22, 23, 24). Ihre zusammenfassende und vergleichende Analyse ist Bestandteil dieser Arbeit. Darüber hinaus wurden alle verfügbaren Statistiken und Sekundärmaterialien ausgewertet und hinsichtlich ihrer relevanten Daten und Informationen verwendet. Da der regionale Aspekt im Vordergrund der Untersuchung steht, wurde auf die Darstellung örtlicher Detailergebnisse weitgehend verzichtet.

Eine allgemeine Beurteilung der gegenwärtigen Situation sowie erkennbare Entwicklungstendenzen über die Erholung im Freiraum werden am Schluß der Arbeit behandelt.

2. Grundlagen des Erholungsverkehrs im Rheinland

2.1 Geographische Lage und Raumstruktur

Naturräumlich gehört das (Nord-)Rheinland zu den Großeinheiten Niederrheinisches Tiefland bzw. Niederrheinische Bucht, sowie Rheinisches Schiefergebirge (2). Es umfaßt eine Fläche von rd. 12 600 km².

Dies entspricht einem Anteil von 39 % an der Gebietsfläche des Landes Nordrhein-Westfalen. Hier leben etwas über 9 Mio Einwohner, das sind 54 % der Bevölkerung von Nordrhein-Westfalen. Die Bevölkerungsdichte beträgt 718 E/km² gegenüber 497 E/km² im Landesdurchschnitt (1968). Das Rheinland gehört damit zu den am dichtesten besiedelten Gebieten Westeuropas. So wohnen allein in dem Raum zwischen Amsterdam, Dünkirchen, Bonn und Hamm mehr als 40 Mio Menschen. In dieser Megalopolis (1), befinden sich 4 größere Agglomerationen:

Rhein-Ruhr	10,5 Mio E
Randstadt Holland	5,0 Mio E
Deltastadt	3,0 Mio E
Aachen-Lüttich-Maastricht	1,5 Mio E

Das Rheinland hat Anteil an zwei dieser Agglomerationen:

Rhein-Ruhr mit	6,9 Mio E
darunter	
Rheinische Stadtlandschaft	4,8 Mio E
Aachen-Lüttich-Maastricht mit	0,6 Mio E

Von der gesamten Bevölkerung des Rheinlandes leben somit 7,5 Mio E, das sind 83 %, in Verdichtungsräumen, die zusammen eine Fläche von 4 900 km² einnehmen.

Diese wenigen Daten lassen bereits die besondere raumstrukturelle Problematik erkennen, nämlich ein unausgewogenes Verhältnis von Siedlungsraum und Freiraum und damit eine Beeinträchtigung der Lebens- und Umweltbedingungen im Rheinland. Zudem verfügen die hier gelegenen Freiräume gegenüber anderen Teilen der Bundesrepublik über eine relativ hohe Bevölkerungs- und Arbeitsplatzdichte, was auf die starke Funktionsmischung in der Nutzungsstruktur der meisten Landschaftsbereiche zurückzuführen ist. So haben die Freiräume des Rheinlandes neben ihren land-, fosrt- und wasserwirtschaftlichen Aufgaben, welche die Grundfunktion der Erholung kaum beeinträchtigen, in zunehmendem Maße Siedlungsfunktionen für Wohnen und Gewerbe zu übernehmen, wodurch der Erholungscharakter dieser Landschaften gefährdet wird.

Bedenkt man zudem, daß von der gesamten Gebietsfläche des Rheinlandes rd. 25 % auf die wenig erholungsintensive landwirtschaftliche Bördenzone entfällt, die Waldfläche hingegen insges. nur rd. 18 % erreicht, so zeigt sich bereits sehr deutlich, wie begrenzt das Erholungslandschaftspotential dieses Landes ist. Die Maßstäbe für die Erholungseignung der vorhandenen Freiräume sind dadurch auch im Rheinland andere als etwa in Oberbayern oder Friesland.

Diese Freiräume werden nicht nur von den 9 Mio Einwohnern des Rheinlandes, sondern darüber hinaus auch von einem beträchtlichen Besucherstrom aus anderen Bundesländern sowie dem Ausland, insbesondere aus Belgien und den Niederlanden in Anspruch genommen. Die verkehrsgünstige Lage im Schnittpunkt mehrerer Europastraßen hat darüber hinaus einen besonders starken Durchgangsreiseverkehr zur Folge. So nimmt ein großer Teil des internationalen Reise- und Ferienverkehrs seinen Verlauf durch das Rheintal.

Die erschlossenen Erholungsgebiete des Rheinlandes verzeichnen daher eine sehr hohe Nutzungsintensität; teilweise lassen sich bereits Überlastungserscheinungen erkennen.

2.2 Historische Entwicklung des Erholungsverkehrs [4]

Die sicherlich älteste Erholungsverkehrsart im Rheinland bilden die Bäderreisen zu Kurorten mit bekannten Heilquellen wie z. B. Aachen. Zu einem umfangreichen Erholungsverkehrsaufkommen kommt es im 17. und 18. Jahrhundert, als sich das Rheinland für die sogenannte »Grand Tour« einer vornehmlich aristokratischen Oberschicht zu einem der beliebtesten Zielgebiete in Europa entwickelte. Aus ihr erwuchsen die späteren Besichtigungs- und Bildungsreisen des Bürgertums, die vor allem durch die Romantik eine starke Belebung erfuhren. Die begeisterten Dichtungen und Reisebeschreibungen über den Rhein und seine Mythen und Legenden lenkten im 19. Jahrhundert einen beachtlichen Fremdenstrom in die Rheinprovinz, insbesondere in das Mittelrheintal und seine Nebentäler. Hier entstehen die ersten Formen eines organisierten Tourismus, z. B. in Verbindung mit der Personenschiffahrt. Zwischen Köln und Koblenz existiert seit 1827 ein regelmäßiger Personenverkehr auf dem Rhein. 1853 wird die Köln-Düsseldorfer Rheindampfschiffahrtsgesellschaft gegründet. Aufgrund der zunehmenden Reiseaktivität der in den rheinischen Mittel- und Großstädten lebenden Bevölkerung entwickelte sich um die Jahrhundertwende auch in den abgelegenen Höhengebieten des Rheinischen Schiefergebirges ein bescheidener Ausflugs- und Sommerfrischenverkehr. Für die ersten Standortbildungen waren die Erreichbarkeit durch Schienenverkehrsmittel sowie das niedrige Preisniveau ausschlaggebend. Die Gründung vieler Verschönerungsvereine in der Eifel oder im Bergischen Land fällt in diese Epoche. Durch die gesetzlichen Regelungen von Urlaub und Freizeit, die zur eigentlichen »touristischen Emanzipation« (40) aller Bevölkerungsschichten führte, erlebte der Erholungsverkehr im Rheinland besonders nach dem 1. Weltkrieg einen bedeutenden Aufschwung. Der Verstädterungsprozeß an Rhein und Ruhr und die infolge der zunehmenden Industrialisierung vielfach ungesunden Umweltbedingungen förderten diese Entwicklung. In dieser Periode entstehen im Rheinland aus vielen ländlichen Gemeinden bekannte Erholungs- und Kurorte. Der Ausflugsverkehr erlebt einen ersten Höhepunkt, wie z. B. die umfangreiche Ausnutzung der Sonntagsrückfahrkarte bei der Reichsbahn oder die hohen Beförderungszahlen der Köln-Düsseldorfer (1938 2,5 Mio) zeigen.

Die veränderten Lebens- und Konsumgewohnheiten, insbesondere zunehmende Freizeit, erhöhter Lebensstandard und die damit verbundene Motorisierung führen seit den fünfziger Jahren zu einem erneuten Anstieg des Erholungsverkehrs und einer geradezu flächendeckenden Standortbildung in nahezu sämtlichen Freiräumen des Rheinlandes.

2.3 Freizeit- und Erholungsangebot im Freiraum

Ein genereller Überblick auf das freiraumbezogene Freizeit- und Erholungsangebot im Rheinland macht deutlich, daß die Erholungsgebiete dieses Landes über eine besonders hohe Attraktionskraft verfügen. Als wichtigster Faktor ist hier das natürliche Landschaftspotential hervorzuheben. Der abwechslungsreichen Oberflächengestalt des Mittelgebirges mit Erhebungen bis zu 700 m in der Eifel, den zahlreichen Talsperren, insbesondere im Bergischen Land oder den vulkanischen Erscheinungen im Siebengebirge steht im Norden die flache Niederrheinlandschaft mit ihren ausgedehnten Wiesen und Weiden, ihren Auwäldern und langgestreckten Pappelalleen gegenüber. Weite Teile dieser Landschaften stehen unter Natur- oder Landschaftsschutz. Einzelne Naturschöpfungen, wie z. B. der Drachenfels, die Bergischen Tropfsteinhöhlen oder die Krickenbecker Seen verzeichnen ein überaus starkes Publikumsinteresse. Die sicherlich höchste Wertschätzung unter den natürlichen Landschaftselementen genießt der Rhein, insbesondere in seinen Talabschnitten zwischen Remagen und Düsseldorf.

Eine große Anziehungskraft für den Erholungsverkehr bedeuten außerdem die Ausstattungsfaktoren, die sich mit dem Begriff der rheinischen Kulturlandschaft umschreiben lassen. Die Vielfalt des Sehenswerten manifestiert sich nicht nur in den sakralen und profanen Baudenkmälern und Museumsschätzen aus 2 Jahrtausenden, die in der europäischen Kunstgeschichte einen breiten Raum einnehmen und mit so markanten Namen wie Xanten, Brühl oder Altenberg verbunden sind, sondern auch in der Vielzahl der malerischen Ortsbilder rheinischer Dörfer und Kleinstädte mit ihren Burgen, Fachwerkhäusern und Kirchen. Künstlerische Ereignisse und Ausstellungen sowie rheinisches Brauchtum, das z. B. in den vielen Heimatfesten oder im Karneval seinen sichtbaren Ausdruck findet, stellen bedeutende Attraktionsmomente dar. Eine wichtige Ergänzung bilden schließlich die vielfältigen Freizeitangebote der rheinischen Großstädte.

Für den Erholungszielverkehr ist außer diesen ursprünglichen Ausstattungsmerkmalen die sogenannte abgeleitete Angebotsstruktur (27) des Rheinlandes, d. h. alle jene Einrichtungen und Anlagen, die in ihrer Zwecksetzung überwiegend auf den Freizeit- und Erholungsverkehr ausgerichtet sind, von grundlegender Bedeutung.

Hierzu gehört das umfangreiche Beherbergungsangebot der Beherbergungsbetriebe, Jugendherbergen, Kinder- und Schullandheime, ferner die zahlreichen Campingplätze, unter ihnen sehr viele Daueranlagen und schließlich die weitgehend unbekannte Anzahl der Zweitwohnsitze.

Die rheinische Gastronomie verfügt gerade in den Erholungsgebieten des Landes über eine Vielfalt an Restaurationsbetrieben, von repräsentativen Speiserestaurants, über Ausflugsgaststätten und Aussichtscafés bis zu den typischen rheinischen Wein- und Bierlokalen.

Für die Spiel- und Sportbetätigung stehen eine Vielzahl an Freibädern, Anlagen für den Flug- oder Reitsport, Minigolfplätze, Bootsbetriebe u. a. m. zur Verfügung. In der Eifel und im Bergischen Land existieren Wintersporteinrichtungen, die jedoch infolge der klimatischen Verhältnisse im Rheinland nur eine begrenzte bzw. sehr schwankende Ausnutzung erreichen.

Auf dem Unterhaltungs- und Vergnügungssektor reicht das Angebot von Bergbahnen, Autokinos, einer bedeutenden Ausflugsschiffahrt, insbesondere auf dem Rhein, über Tierattraktionen, Kindereinrichtungen wie Ponyreitställe oder Märchenwälder bis zu größeren Freizeitparks.

Die sicherlich bekannteste Freizeitattraktion im Rheinland sind die 25 Schiffe der Köln-Düsseldorfer Rheinschiffahrt AG, das größte Binnenschiffahrtsunternehmen für Personenbeförderung in der westlichen Hemisphäre, mit einem täglichen Angebot von 31 000 Plätzen allein im Ausflugsverkehr.

Für die naturnahe Erholung gibt es zahlreiche Wildgehege und Waldlehrpfade sowie ein viele tausend Kilometer zählendes Wanderwegenetz; dazu mehrere hundert Autowanderparkplätze.

Über das vielfältige und konzentrierte Freizeit- und Erholungsangebot in den Freiräumen des Rheinlandes soll hier nur ein grober Überblick gegeben werden. Der differenzierten Angebotsstruktur entspricht ein quantitativ und qualitativ unterschiedliches Erholungsverkehrsaufkommen in den einzelnen Zielgebieten.

3. Erholungsverkehrsnachfrage im Rheinland

Nicht das Freizeit- und Erholungsangebot schlechthin, sondern seine Inwertsetzung durch eine aus den Umweltbedingungen der Siedlungs-, Wirtschafts- und Sozialstruktur resultierenden sogenannten Erholungsnachfrage oder Erholungsverkehrsdynamik (7) im Zusammenhang mit den Faktoren Entfernung und Konkurrenzsituation bewirken Art und Umfang des Erholungsverkehrs von Zielgebieten. Angaben über die Nachfrage und Bedarfsstruktur lassen bereits erkennen, mit welcher Größenordnung des Erholungsverkehrsaufkommens im Rheinland gegenwärtig zu rechnen ist. Ein quantitatives und qualitatives Verteilungsbild über den Erholungsverkehr in den einzelnen Zielgebieten ist damit jedoch noch nicht gegeben.

Die folgenden Daten beziehen sich zum Teil auf ganz Nordrhein-Westfalen oder die Bundesrepublik, ihre Geltung für das Rheinland ergibt sich aus der jeweiligen Fragestellung.

3.1 Urlaubsverkehr

Die Urlaubsreiseintensität der erwachsenen Bevölkerung erreichte 1968 in der Bundesrepublik 44 % (3). Dabei ist der Anteil der Urlaubsreisenden in Städten mit mehr als 500 000 E (61 %) fast 3 mal so hoch wie in Gemeinden unter 2 000 E (22 %) (4). In Nordrhein-Westfalen und vor allem im Rheinland dürfte die Urlaubsreiseintensität aufgrund des hohen Agglomerationsgrades mindestens 50 % betragen.

1962 wählten 81,5 % aller Urlauber aus Nordrhein-Westfalen ein Urlaubsziel außerhalb des eigenen Bundeslandes (5). »Für den Großteil der Bevölkerung von Nordrhein-Westfalen dürften die Fremdenverkehrsgebiete des Landes zu nah sein; sie wollen den Urlaub nicht dort verbringen, wohin sie auch am Wochenende fahren können« (6). Immerhin stellt der relativ kleine Anteil der im eigenen Land verbleibenden Urlauber nach der o. a. Untersuchung 60,4 % sämtlicher für das Land Nordrhein-Westfalen registrierten Urlaubsreisen dar, d. h. nur 39,6 % der Urlaubsreisen haben hier ihre Quelle außerhalb von Nordrhein-Westfalen.

Bei einer Reiseintensität der erwachsenen Bevölkerung in Nordrhein-Westfalen von 50 % gibt es in diesem Land rd. 6,5 Mio Urlaubsreisende pro Jahr. Unter der Annahme, daß von diesem Urlauberpotential nach wie vor 15 % im eigenen Land verbleiben, ergibt sich eine Zahl von 1 Mio Urlaubsreisenden. Zuzüglich der aus anderen Bundesländern stammenden Urlauber (Verhältnis ca. 40:60) ergäbe sich eine Größenordnung von 1,65 Mio deutscher Urlaubsreisende, die ein Urlaubsziel in Nordrhein-Westfalen aufsuchen. Etwa ein Drittel hiervon dürfte auf das Rheinland entfallen. Ein unmittelbarer Vergleich dieses hypothetischen Wertes mit der amtlichen Fremdenverkehrsstatistik (vergl. Kapitel 4) ist nicht möglich, da diese abgesehen von ihrer Unvollständigkeit eine Ausgliederung einzelner Erholungsverkehrsarten nicht zuläßt.

Trotz der zunehmenden Attraktivität deutscher und ausländischer Kontrastlandschaften sind die deutschen Mittelgebirge ein nach wie vor beliebtes Urlaubsreiseziel, insbesondere für ältere Menschen sowie Personen der unteren Einkommensklassen. Hierfür sind vor allem traditionelle und klimatische Gründe, das allgemein günstige Preisniveau und die geringe Entfernung maßgeblich. So gehen rd. ein Viertel aller deutschen Urlaubsreisen nicht über eine Entfernung von 300 km hinaus (64).

3.2 Wochenendverkehr

Für die Wochenendmobilität ergeben sich bereits aus der zur Verfügung stehenden Freizeit der Bevölkerung wichtige Anhaltspunkte. Nach einer DIVO-Untersuchung im Ballungsraum Rhein-Ruhr stehen der Bevölkerung am Samstag im Durchschnitt 7,5 Stunden, am Sonntag 10,5 Stunden zur freien Verfügung. Das sogenannte freie Wochenende beginnt hier

am	für
Freitagabend	38 %
Samstagmittag	33 %
Samstagabend	11 %
kein freies Wochenende	5 %
sonstige	13 % (8)

Verschiedene deutsche Untersuchungen haben ergeben, daß am Wochenende zwischen 20 % und 30 % der Bevölkerung regelmäßig zu Hause oder in der Nähe der Wohnung bleiben (9, 10). Die übrige Bevölkerung kann als Ausflugspotential betrachtet werden. Über die durchschnittliche oder regelmäßige Beteiligungsquote am Wochenendverkehr existieren etwas abweichende Angaben. Der Raumordnungsbericht der Bundesregierung (11) nennt einen Anteil von rd. $1/3$ der Bevölkerung; die Anteilswerte für einige Großstädte lauten: Hamburg (32 %), Bremen (25 %), Hannover (26 %), Duisburg (29 %) (12). In kleineren Städten und Gemeinden wird eine geringere Wochenendmobilität angenommen (6).

Im Ballungsraum Rhein-Ruhr haben im Sommer 1967 durchschnittlich 17 % der erwachsenen Bevölkerung eine Wochenendreise unternommen. Die durchschnittliche Beteiligungsquote aus 11 aufeinander folgenden Wochenenden inclusiv der Mehrfachreisen (zwei verschiedene Tage) betrug am Sonntag 11,4 % und am Samstag 9,1 %. Der Spitzenanteil lag für einen Sonntag bei 27 % und für einen Samstag bei 13 %, die niedrigsten Anteile betrugen 7 % (Sonntag) und 3 % (Samstag). In einer regionalen Untergliederung zeigen die Rheinstädte mit durchschnittlich 15,7 % (Sonntag) und 9,7 % (Samstag) die höchste Wochenendreiseintensität. Darauf folgen die

Wupperstädte mit 12,7 % bzw. 9 % und schließlich die Ruhrstädte mit 9,4 % bzw. 7,6 % (8).

Diese Beteiligungsquoten beinhalten nur größere Wochenendfahrten, nicht dagegen den Spaziergang oder Ausflug in die Erholungsgebiete am Stadtrand.

Außerdem dürften die Ergebnisse noch durch die Rezession beeinflußt sein, wie ein Vergleich mit der im Jahr 1967 auch merklich zurückgegangenen Urlaubsreiseintensität zeigt (13).

Wesentlich größer als die hier gemessene tatsächliche Beteiligungsquote ist der Anteil der allgemein am Wochenend- bzw. Naherholungsverkehr interessierten Bevölkerung. So erklärten in der DIVO-Untersuchung 43 % der Befragten, fast jede Woche oder mindestens öfter daran teilzunehmen. Ein ähnliches Ergebnis erbrachte eine Befragung der Kölner Bevölkerung, wonach 49 % öfter größere Ausflüge oder Spazierfahrten in die Umgebung unternehmen, an 3 aufeinander folgenden Wochenenden Anfang Juli jedoch nur 17 % tatsächlich unterwegs waren (14).

Hier spielt natürlich der Befragungszeitraum eine wichtige Rolle. Anfang Juli (Köln) sowie Mitte Juni bis Ende August (Rhein-Ruhr) sind nicht unbedingt repräsentative Jahreszeiten, insbesondere wenn man die Abwesenheit der Urlaubsreisenden berücksichtigt. Erfahrungsgemäß ist die Wochenendreiseintensität im Frühjahr am höchsten (15). Nach den Untersuchungsergebnissen aus Hamburg und München beträgt die Spitzenbeteiligungsquote an einzelnen Wochenenden 50 % bzw. 60 % (9, 10).

Für das Rheinland kann an den Wochenenden außerhalb der winterlichen Jahreszeit mit einer durchschnittlichen Wochenendreiseintensität (einschließlich Stadtranderholung) von zur Zeit 20 %—25 % gerechnet werden. Die Beteiligungsquote an Sonntagen dürfte bei mindestens 15 % liegen. Dies bedeutet, bezogen auf die Gesamtbevölkerung, ein Durchschnittsaufkommen von ca. 1,80 bis 2,25 Mio Wochenendverkehrsteilnehmern, davon ca. 1,35 Mio am Sonntag.

Der Siedlungsverband Ruhrkohlenbezirk schlüsselt die Tagesbeteiligungsquote am Wochenendverkehr entsprechend der unterschiedlichen Siedlungsstruktur im Verbandsgebiet nach folgendem Schema auf (65):

Einwohner-Größenklasse	Kerngebiet	übriges Verbandsgebiet
bis 5 000	10 %	5 %
5 000— 25 000	15 %	10 %
25 000—100 000	20 %	15 %
über 100 000	25 %	20 %

Über die Nachfragestruktur im einzelnen liegen nur wenige Angaben vor. So werden als Beweggründe für die Teilnahme am Wochenendverkehr in der DIVO-Untersuchung genannt (8):

	in v. H.
Etwas anderes sehen/aus der Stadt heraus	37
Frische Luft/Natur	36
Erholung/Entspannung	28
Umgebung kennenlernen	8
Wandern	8
Verwandtenbesuche/Besuche	6
Kinder	5
Schönes Wetter	4
Sport	4
	136 (Mehrfachnennung)

Nach der gleichen Untersuchung haben ²/₃ der Wochenendreisenden ein festes Ziel, nur 12 % unternehmen Fahrten ins Blaue.

Das Emnid-Institut hat in seiner Freizeitstudie über das Ruhrgebiet (59), bezogen auf sämtliche Freizeittätigkeiten in der näheren Umgebung, folgende Beschäftigungsarten nach ihrer relativen Häufigkeit ermittelt:

	sehr oft/oft %	öfter/manchmal %	selten/nie %	keine Antwort %
Spazierengehen zum Vergnügen	22,1	57,2	20,1	0,7
Ausflug ins Grüne	17,7	53,8	27,3	1,2
Wandern in der Natur	14,0	38,2	46,7	1,1
Spazierfahrt m. d. Auto	12,4	42,0	44,0	1,6
Sport und Spiel	9,9	27,6	60,0	2,5
Zuschauen bei Sportveranstaltungen	9,8	23,6	64,6	2,1
Verwandte und Bekannte besuchen	9,1	64,5	25,2	1,0
Besichtigung von Sehenswürdigkeiten	2,7	39,3	55,7	2,3

Die übrigen Freizeitbeschäftigungen liegen bei Zusammenfassung der 1. und 2. Häufigkeitsstufe unter 30 % Beteiligung. In den Angaben sind auch innerstädtische Ziele mit eingeschlossen.

Aus diesen Ergebnissen läßt sich immerhin erkennen, daß der Wochenendverkehr keineswegs nur die Freiräume zum Ziel hat, sondern in besonderem Maße auch benachbarte Städte und Metropolen. Dies zeigt sich u. a. an den hohen auswärtigen Besucheranzahlen von städtischen Freizeitangeboten wie z. B. Zoos, Museen, Musik- und Sportveranstaltungen.

So weist die Emnid-Untersuchung die überregionale Bedeutung solcher Freizeitziele wie den Essener Grugapark mit Grugahalle, den Wuppertaler Zoo oder die Düsseldorfer Altstadt nach. Ähnliches gilt für die Fußballstätten, insbesondere in Duisburg und Essen [5]).

Daß die Wochenendziele im Freiraum eine recht unterschiedliche Attraktionskraft bei der Bevölkerung besitzen können, sei an zwei bei Emnid untersuchten Beispielen, die Krickenbecker Seenplatte im Naturpark Schwalm-Nette sowie Schloß Burg im Bergischen Land, aufgezeigt. Danach kennen nur 9,8 % der Ruhrgebietsbevölkerung die Krickenbecker Seenplatte, gegenüber einem Bekanntheitsgrad von 30,4 % für Schloß Burg; dies bei etwa gleicher durchschnittlicher Entfernung.

Bekanntheitsgrad in %	Ruhr-gebiet insges.	darunter Befragungsbezirke			
		Kreis Geldern/ Moers	Duisburg/ Oberhausen	Essen/ Mülheim Kettwig	Ennepe-Ruhr Kreis/ Hagen
Krickenbecker Seenplatte	9,8	52,1	18,1	4,5	3,5
Schloß Burg	30,4	23,2	35,1	34,9	45,4

Über die motivische Präferenzstruktur in bezug auf einzelne Natur- bzw. Kulturlandschaftselemente seitens der Bevölkerung ist bisher nur weniges bekannt. So wird z. B. hinsichtlich des Waldes der Mischwald aus Laub- und Nadelholz allgemein bevorzugt. Von den Reinbeständen sind reine Nadelwaldungen beliebter als Laubwaldungen (60). Vergleiche hierzu auch (61, 62, 63).

Die durchschnittliche Anreisezeit zum Wochenendziel beträgt nach Divo 75 Minuten (8). Die Untersuchung in Köln ergab eine durchschnittliche Entfernung zum Zielgebiet (Hin- und Rückfahrt) von 80 bis 90 km (14). 72 % der Wochenendreisenden im Ballungsraum Rhein-Ruhr benutzen einen Pkw, es folgen Omnibus 18 %, Straßenbahn 13 % und Eisenbahn 11 % (Mehrfachnennung). In Köln betragen die Anteile für das Auto 70 % und für die öffentlichen Verkehrsmittel 20 %.

Eine über dem Durchschnitt liegende Wochenendreiseintensität verzeichnen im allgemeinen die Bewohner zentrumsnah gelegener Stadtteile, jüngere Leute, Angehörige der Mittel- und Oberschicht sowie Pkw-Besitzer (9, 10, 14).

4. Der übernachtende Erholungsverkehr im Rheinland nach der Fremdenverkehrsstatistik

4.1 Beherbergungsbetriebe

Im Fremdenverkehrsjahr 1968 entfielen von den 21,2 Mio Fremdenübernachtungen im Land Nordrhein-Westfalen 7,6 Mio auf das Rheinland, das entspricht einem Anteil von 37 %. Der Anteil am Gesamtvolumen in der Bundesrepublik Deutschland beträgt 4,6 % (1968). Dieses Aufkommen wurde in den gewerblichen Beherbergungsbetrieben und ständigen Privatquartieren von 169 Berichtsgemeinden (Nordrhein-Westfalen 487) mit insgesamt 54 509 Fremdenbetten (Nordrhein-Westfalen 140 412) registriert. Zu ihnen rechnen alle Gemeinden, in denen jährlich mindestens 3 000 Fremdenübernachtungen gezählt werden.

Bis zum Jahr 1970 ging die Zahl der Berichtsgemeinden im Rheinland infolge der Gebietsreform auf 143 (Nordrhein-Westfalen 384) zurück. Die Zahl der Fremdenbetten stieg im gleichen Zeitraum auf 59 542 (Nordrhein-Westfalen 152 228). Die Anzahl der Fremdenübernachtungen erhöhte sich um 15 % (Nordrhein-Westfalen 12 %) auf 8,8 Mio (Nordrhein-Westfalen 23,7 Mio).

Diese recht beachtliche Größenordnung darf jedoch nicht mit dem Erholungsverkehr gleichgesetzt werden, denn der im Rheinland registrierte Fremdenverkehr besteht zu einem großen Teil aus Berufs-, Geschäfts- oder privaten Besuchsreisen. So entfallen allein über 50 % der Fremdenübernachtungen dieses Raumes auf 14 Großstädte.

In diesen Agglomerationszentren, aber auch in vielen kleineren Städten spielen Freizeit- und Erholungsmotive für das Fremdenverkehrsaufkommen keine ausschlaggebende Rolle. Eine gewisse Ausnahme bildet der in einigen Berichtsgemeinden stärker vertretene Städtetourismus. Ein beträchtliches Ausmaß erreicht im Rheinland außerdem der reine Durchgangsreiseverkehr.

Der insgesamt recht hohe Anteil des nicht freizeit- und erholungsbedingten Fremdenverkehrs im Rheinland zeigt sich u. a. auch an der mit durchschnittlich 2,5 Tagen relativ niedrigen Aufenthaltsdauer der Übernachtungsgäste; im Landesteil Westfalen z. B. beträgt die mittlere Verweildauer 6,1 Tage.

Wenn auch keine genaue Analyse über die verschiedenen Aufenthaltsmotive der Übernachtungsgäste vorliegt, so kann doch vermutet werden, daß im Rheinland weniger als die Hälfte des gewerblichen Fremdenverkehrsvolumens auf den der Freizeit und Regeneration gewidmeten Reiseverkehr entfällt.

Demnach dürfte der eigentliche Erholungsverkehrsumfang nach der amtlichen Fremdenverkehrsstatistik anteilmäßig zwischen 3 und 4 Mio Fremdenübernachtungen im Jahr betragen. Dieser Wert enthält sowohl langfristige (Urlaubs-, Kurverkehr) wie kurzfristige Aufenthalte (Wochenendverkehr). Die nachfolgende Betrachtung bezieht sich aus Vergleichbarkeitsgründen auf das statistische Fremdenverkehrsjahr 1968.

Die Größenordnung von über 3 Mio gewerblichen Fremdenübernachtungen im Erholungsverkehr ist für das Rheinland allerdings relativ bescheiden, vergleicht man diesen Wert mit dem westfälischen Sauerland (3,5 Mio) oder Teutoburger Wald (7,4 Mio)[6]. Hier erreicht allein Bad Salzuflen mehr als 1,5 Mio

Fremdenübernachtungen pro Jahr. Dieser Hinweis macht deutlich, welches Gewicht die Heilbäder für die Fremdenverkehrsstatistik haben. Von den 26 im Land Nordrhein-Westfalen befindlichen Heilbädern haben nur 5 ihren Standort im Rheinland. Es sind Aachen, Bad Godesberg, Hennef, Bad Honnef und Bad Münstereifel, von denen die beiden erstgenannten bei weitem nicht nur eine Heilbadfunktion ausüben. Sie erreichen lediglich 1,1 Mio Fremdenübernachtungen von insgesamt 7,9 Mio in Nordrhein-Westfalen, was einen Anteil von nur 14 % entspricht. Nicht ganz so ungünstig sieht ein Vergleich bei den anerkannten Luftkurorten aus. Ein Drittel von ihnen liegt auf rheinischem Gebiet: Kleve, Marienheide, Wiehl, Eitorf, Herchen, Blankenheim, Gemünd und Nideggen. Auf diese 8 Gemeinden entfallen 0,34 Mio Fremdenübernachtungen von insgesamt 1,23 Mio in Nordrhein-Westfalen, das sind 28 %. Ein Vergleich in bezug auf Berichtsgemeinden mit einer durchschnittlichen Aufenthaltsdauer der Gäste von mehr als 5 Tagen, dies Kriterium kann als Indiz für einen gewissen Ferienerholungscharakter gelten, weist im Sommerhalbjahr 1968 37 Gemeinden dieser Kategorie für das Rheinland aus (Nordrhein-Westfalen 164). In diesen Erholungsorten wurden 0,62 Mio Fremdenübernachtungen registriert, gegenüber 2,74 Mio in Nordrhein-Westfalen, das entspricht einem Anteil von 23 % (Sommerhalbjahr 1968).

Schließlich sei noch ein kurzer Blick auf den Ausländeranteil am gesamten Fremdenverkehrsvolumen geworfen. Während in Nordrhein-Westfalen rd 9 % aller Femdenübernachtungen auf Auslandsgäste entfallen, beträgt dieser Anteil im Rheinland rd. 19 %. Mit 1,44 Mio Ausländerübernachtungen (Nordrhein-Westfalen 1,86 Mio) unterstreicht das Rheinland seine europäische und internationale Anziehungskraft im Fremdenverkehr. Infolge der besonderen Lagebeziehung spielt hier allerdings der Durchgangsreiseverkehr, vor allem aus Großbritannien und den Beneluxländern eine große Rolle. Dies zeigt auch die kürzere durchschnittliche Aufenthaltsdauer der Ausländer (1,9 Tage) gegenüber den Inlandsgästen (2,6 Tage). So unterbrechen die internationalen Autobuslinien der Touring-Gesellschaft ihre Fahrten Frankfurt-Brüssel sowie Frankfurt-Amsterdam in Königswinter. Bei Reisenden aus Nord- und Westeuropa steht häufig eine Rheinreise am Beginn ihrer Fahrt in den Süden. Von sämtlichen Ausländerübernachtungen im Rheinland entfallen allein 1,03 Mio auf die 14 Großstädte, die damit einen Ausländeranteil von 27 % erreichen. Hier macht sich der Städtetourismus, aber auch der Geschäfts- und Berufsreiseverkehr aus dem Ausland bemerkbar. Die Erholungslandschaften verzeichnen demgegenüber einen niedrigeren Ausländeranteil (siehe Kapitel 6).

4.2 Sonstige Beherbergungsstätten

Außer dem Fremdenverkehrsvolumen in Beherbergungsbetrieben verzeichnet die amtliche Fremdenverkehrsstatistik noch globale Angaben über Jugendherbergen, Kinderheime und Campingplätze. So wurden für 43 Jugendherbergen (Nordrhein-Westfalen 115) mit zusammen 6 227 Betten (Nordrhein-Westfalen 13 373) sowie 8 Kinderheime (Nordrhein-Westfalen 21) mit 524 Betten (Nordrhein-Westfalen 1 273) insgesamt 0,79 Mio Fremdenübernachtungen (Nordrhein-Westfalen 1,77 Mio) registriert. Die Campingplätze im Rheinland erreichten eine Übernachtungszahl von fast 1 Mio. In diesem Wert sind allerdings bei weitem nicht alle Campingaufenthalte erfaßt. So fehlen insbesondere die sogenannten Dauerstellplätze mit ständig aufgestellten Zelten und Wohnwagen (siehe Kapitel 6).

Generell richtet sich der Vollständigkeitsgrad der amtlichen Fremdenverkehrsstatistik sehr stark nach der Beherbergungsart. Erhebliche Lücken zeigen sich besonders bei den Privatquartieren. Völlig unerfaßt bleiben Jugend- und Schullandheime.

Einer Quantifizierung so gut wie überhaupt nicht zugänglich sind die Übernachtungsaufenthalte in den zahlreichen Zweitwohnsitzen.

5. Tageserholungsverkehr im Rheinland aufgrund von Sekundär- und Einzelstatistiken

Eine umfassende und fortlaufende Erfassung des Tageserholungsverkehrs, ähnlich der Beherbergungsstatistik, ist für größere Zielgebiete quasi undurchführbar. Hier ist man auf Sekundärmaterialien und Einzel- bzw. Stichprobenerhebungen angewiesen.

5.1 Allgemeine Verkehrsstatistiken

Die Straßenverkehrsplanung ist durch die Tatsache, daß heute die absoluten Verkehrsspitzen beim Freizeit- und Erholungsverkehr liegen, gezwungen, diese Verkehrsart bei ihren Neu- und Ausbauprogrammen besonders zu berücksichtigen. Dabei wird allerdings der Sonn- und Feiertagsverkehr mit ca. 20–30 Verkehrsspitzen im Jahr fast immer im Verhältnis zu dem rd. 250 mal auftretenden Werktagsverkehr gesehen.

Die Verkehrszählungsergebnisse der Landesstraßenbaubehörde zeigen für weite Bereiche des Landes Nordrhein-Westfalen an Sonntagen eine bis zu 100 % Mehrbelastung des Straßennetzes gegenüber Werktagen. Im Rahmen der für die Kreise des Landes aufgestellten Generalverkehrspläne liegen für die meisten Erholungsgebiete Querschnitts-, mitunter auch Stromzählungsdaten über den Sonntagsverkehr vor. So verzeichnen verschiedene Hauptausfallstraßen größerer Zielgebiete z. B. in der Eifel (B 258, B 265) oder im Bergischen Land (B 55, L 284) am späten Sonntagnachmittag eine stündliche Spitzenbelastung von mehr als 1 000 Pkw/h in einer Richtung.

Bei den öffentlichen Verkehrsmitteln, sofern sie für den Erholungsverkehr eine größere Bedeutung haben, lassen sich die Beförderungsstatistiken heranziehen. So verzeichnen die Schiffsanlegestellen im Bereich des Siebengebirges, welche von den Unternehmen »Köln-Düsseldorfer«[7]), »Weber Schiff« und »Bonner Personenschiffahrt« angelaufen werden, zusammen einen jährlichen Personenumschlag von rd. 750 000; an Spitzentagen sind es rd. 10 000 Fahrgäste.

Die Bundesbahn spielt für den Erholungsverkehr in den Untersuchungsgebieten nur noch eine untergeordnete Rolle.

Eine grobe Quantifizierung des gesamten Zielverkehrsaufkommens von Erholungsgebieten ist mit Hilfe dieser allgemeinen Verkehrsstatistiken in der Regel nicht möglich.

Über die speziellen Verkehrsuntersuchungen des Wochenendverkehrs in den Großerholungsräumen des Rheinlandes siehe Kapitel 6.

5.2 Besucherstatistiken

Für bestimmte Besucherströme an Erholungsschwerpunkten gelingt eine recht genaue Quantifizierung an Hand von Gebühreneinnahmen bzw. verkauften Eintrittskarten. So existieren in der Regel Besucherstatistiken über Freibäder, Minigolfplätze, Kulturdenkmale usw. Einige Beispiele seien hier für das Rheinland aufgeführt:

Die Drachenfelsbahn bei Königswinter im Siebengebirge befördert 750 000 Personen im Jahr, davon an Spitzentagen bis zu 10 000. Die Freibäder in der Nordeifel und im Bergischen Land besuchen jährlich bis zu 400 000 sowie 900 000 Badegäste, darunter an wettergünstigen Sonntagen 25 000 bzw. 55 000. Auf dem Rurstausee (Nordeifel) werden im Jahr rd. 300 000 Schiffahrtsgäste gezählt, an Spitzentagen sind es bis zu 5 500. Rund $1/2$ Mio Besucher jährlich zählt das sich als Deutschlands größtes Märchen- und Abenteuerparadies bezeichnende »Phantasialand« am Naturpark Kottenforst-Ville; an einzelnen Sonntagen sind es fast 10 000. Das Heimatmuseum auf Schloß Burg (Bergisches Land) wird jährlich von rd. 250 000 Personen, das Rheinische Freilichtmuseum in Kommern von rd. 200 000 Personen aufgesucht, darunter bis zu 3 500 pro Tag.

Vergleichsweise seien auch einige Besucherstatistiken von großstädtischen Freizeitangeboten, die ebenfalls beliebte Wochenendreiseziele darstellen, genannt:

An Spitzensonntagen hat der Kölner Dom 15 000, der Kölner Zoo 20 000 Besucher aufzuweisen. Pro Jahr werden mehr als 1 Mio Zoobesucher gezählt. Anläßlich bedeutender Fußballereignisse verzeichnet das Stadion in Köln 50 000 Zuschauer, von denen mehr als 50 % Auswärtige sind. Die Jahresbesucherzahl beträgt hier 0,57 Mio (1970).

Diese Reihe statistischer Einzeldaten ließe sich beliebig fortsetzen. Sie ermöglichen jedoch keine Erfassung des Gesamtbesucheraufkommens.

6. Der Erholungsverkehr in den Großerholungsräumen des Rheinlandes

6.1 Die Untersuchungsgebiete

Die eigens durchgeführten Zielgebietsuntersuchungen über den Erholungsverkehr erstrecken sich auf 7 Großerholungsräume des Rheinlandes (vergl. Abbildung 1). Als Großerholungsräume werden zusammenhängende Freiräume mit einer bestimmten Erholungseignung und Attraktionskraft sowie einer Mindestgröße von 100 km² bezeichnet. In die Untersuchungsgebiete sind teilweise auch größere Siedlungsbereiche ohne ausgeprägte Erholungsfunktion mit einbezogen worden, was der besonderen Raumstruktur des Rheinlandes entspricht (vergl. Kapitel 2.1). Unter den Großerholungsräumen befinden sich 5 Naturparke, wobei der Untersuchungsraum teilweise über die Naturparkgrenze hinausgreift. Die 7 Untersuchungsgebiete haben zusammen eine Fläche von rd. 4 160 km². Dies entspricht einem Anteil von rd. einem Drittel an der Gebietsfläche des Rheinlandes.

Großerholungsräume im Rheinland

Untersuchungsgebiete	Fläche in km²
1. Naturpark Bergisches Land (Untersuchungsgebiet)	1 825
2. Naturpark Nordeifel	1 336
3. Naturpark Schwalm-Nette	414
4. Erholungsraum Voreifel	ca. 190
5. Naturpark Kottenforst-Ville (Gebietsstand 1969)	180
6. Naturpark Siebengebirge (Untersuchungsgebiet)	118
7. Erholungsraum Itter-/Neandertal	ca. 100
	4 160

Mit den genannten Großerholungsräumen ist keine absolute Vollzähligkeit gegeben. So wurden größere Landschaftsbereiche am Niederrhein, im Niederbergischen Land sowie in der Jülicher Börde vorläufig noch nicht untersucht. Die mit Abstand größten Untersuchungsgebiete sind die Naturparke Bergisches Land und Nordeifel. Letzterer wurde im Jahre 1971 mit der Schneeifel (Rheinland-Pfalz) sowie den Gebieten Hohes Venn und Ourtal (Belgien) zum zweiten europäischen Naturpark zusammengeschlossen. Der Naturpark Kottenforst-Ville strebt eine Erweiterung im Nordwesten an mit dem Gebiet des Erholungsparks Ville. Für den Erholungsraum Voreifel ist evtl. zusammen mit Gebieten in Rheinland-Pfalz die Gründung eines eigenen Naturparks oder der Anschluß an den bestehenden Naturpark Nordeifel beabsichtigt. Auch für den Naturpark Schwalm-Nette ist eine Erweiterung vorgesehen sowie der Zusammenschluß zu einem europäischen Naturpark Maas-Schwalm-Nette.

Bei sämtlichen Untersuchungsgebieten handelt es sich ihrer Funktion nach um Naherholungsräume, d. h. um Zielgebiete, die infolge ihrer Nähe zu den großen Bevölkerungsagglomerationen überwiegend vom kurzfristigen Erholungsverkehr in Anspruch genommen werden. Bei näherer Betrachtung zeigen sie jedoch recht unterschiedliche Merkmale. Während weite Teile der Naturparke Bergisches Land und Nordeifel noch einen starken Ferienerholungscharakter aufweisen, spielt dieser in den Untersuchungsgebieten Itter-/Neandertal sowie Naturpark Kottenforst-Ville überhaupt keine Rolle. Bei den letztgenannten handelt es sich weitgehend um Stadtranderholungsgebiete. Ihre Einbeziehung in diese Untersuchung erscheint mitunter etwas problematisch.

Auf eine ausführliche landschafts- und landeskundliche Beschreibung der Untersuchungsgebiete sei an dieser Stelle verzichtet. Hierüber ist eine umfangreiche Literatur vorhanden. Vergl. insbesondere die Kreisbeschreibungen oder die Landschafts- und Einrichtungspläne der Erholungsräume [8]) (29, 30, 31, 32, 58).

6. 2 Fremdenübernachtungen

Die folgenden Angaben beruhen auf den Ergebnissen der in den Jahren 1966 bis 1971 in den 7 Großerholungsräumen vom Verfasser durchgeführten Grundlagenuntersuchungen (19, 20, 21, 22, 23, 24,). Ihre wichtigsten Daten, größtenteils auf den neuesten Stand gebracht, sind hier eingeflossen. Bei den statistischen Angaben handelt es sich um Annäherungswerte, denn exakte Werte sind wegen der bekannten Fehler und Unvollständigkeit der amtlichen Fremdenverkehrsstatistik [9]) kaum möglich. Durch Sondererhebungen wurde versucht, die statistische Datenbasis zu verbessern. So konnten Grobdaten über die von der Fremdenverkehrsstatistik nur sehr unvollkommen bzw. überhaupt nicht erfaßten Fremdenübernachtungen in Privatquartieren, Jugendherbergen, Kinder-, Jugend- und Schullandheimen ermittelt werden.

Ein besonderes Problem existiert bei den Campingübernachtungen. Die große Verbreitung der Dauercampingplätze mit ihren während einer ganzen Saison ständig aufgestellten Zelten und Caravans (»Wohnwagenkolonien«) erschwert eine statistische Erfassung. Von den etwa 2 Mio deutschen Campingfamilien sucht jede vierte regelmäßig am Wochenende einen Dauerplatz auf [10]). Gläser rechnet für diese Daueranlagen in der Nordwesteifel bei einer durchschnittlichen Belegung von 3 Personen für 1 Wohnwagen/Zelt mit ca. 60 Nächten Ausnutzung im Jahr, das sind 180 Übernachtungen pro Wohnwagen/Zelt und Jahr (34). Für die funktionell mit den Zweitwohnsitzen vergleichbaren Campingdauerplätze lassen sich Übernachtungswerte jedoch nur allzu grob schätzen. In der vorliegenden Untersuchung blieben sie ebenso wie die periodischen Aufenthalte in Wochenendhäusern und -wohnungen weitgehend unberücksichtigt.

6. 21 Umfang und Verteilung

Unter Einschränkung der genannten erhebungstechnischen Mängel konnten für die untersuchten Großerholungsräume nachfolgende Gesamtübernachtungsziffern ermittelt werden. Dabei wurde, um einen Vergleich mit den empirischen Daten über den Tagesverkehr zu ermöglichen, als gemeinsamer Bezugszeitraum überwiegend das Fremdenverkehrsjahr 1968 zugrunde gelegt.

Fremdenübernachtungen in Großerholungsräumen des Rheinlandes

Untersuchungs-gebiete	Fremdenübernachtungen [1]) (Grobwerte)			
	pro Jahr		an Spitzentagen der Hauptsaison	
	insgesamt	darunter in Beherbergungs-betrieben [2])	insgesamt	darunter in Beherbergungs-betrieben [2])
1. Bergisches Land	2 100 000	940 000	35 000	8 500
2. Nordeifel	1 200 000	455 000	21 000	5 000
3. Schwalm-Nette	175 000	25 000	3 000	400
4. Voreifel	300 000	170 000	4 000	1 300
5. Kottenforst-Ville	30 000	10 000	500	100
6. Siebengebirge	720 000	560 000	5 000	3 500
7. Itter-/Neandertal	50 000	15 000	1 000	200
insgesamt	4 575 000	2 175 000	69 500	19 000

1) bezogen auf das statistische Fremdenverkehrsjahr 1968
2) nach der amtlichen Fremdenverkehrsstatistik

Das Gesamtvolumen beträgt rund 4,6 Mio Fremdenübernachtungen; davon entfallen rd. 2,2 Mio auf die in der amtlichen Verkehrsstatistik erfaßten Beherbergungsbetriebe. Jugendherbergen, Kinder-, Jugend- und Schullandheime, Campingplätze sowie Beherbergungsbetriebe in nicht meldepflichtigen Gemeinden, außerdem die nicht registrierten Privatquartiere erreichen insgesamt rd. 2,4 Mio Fremdenübernachtungen. Der nicht dem Erholungsverkehr zuzuordnende Größenanteil (keine Freizeit- und Erholungsmotive) ist in den Untersuchungsgebieten gering. Er dürfte durch die vermutete Dunkelziffer mehr als ausgeglichen werden.

Mit 2,1 Mio Gesamtübernachtungen erreicht das Bergische Land das mit Abstand höchste Volumen unter den Großerholungsräumen. Es folgen die Nordeifel (1,2 Mio) und das Siebengebirge (0,7 Mio). Nur ganz geringe Übernachtungswerte verzeichnen die Untersuchungsgebiete Itter-/Neandertal und Kottenforst-Ville; sie bleiben daher im folgenden unberücksichtigt.

Ein recht unterschiedliches Verhältnis besteht bei den Untersuchungsräumen zwischen dem Anteil der von der Fremdenverkehrsstatistik erfaßten Übernachtungen in Beherbergungsbetrieben sowie den sonstigen Fremdenübernachtungen. Während im Siebengebirge rund ³/₄ aller Fremdenübernachtungen auf die Beherbergungsbetriebe entfallen, beträgt dieser Anteil in Schwalm-Nette nur etwa 15 %. Hier spielen die Campingübernachtungen eine große Rolle. Absolut hohe Übernachtungswerte erreichen auch die Jugendherbergen sowie Kinder-, Jugend- und Schullandheime, vor allem im Bergischen Land und in der Nordeifel mit rd. 420 000 bzw. 300 000 Übernachtungen pro Jahr. Die folgenden Angaben beziehen sich nur auf Beherbergungsbetriebe und beruhen auf den Unterlagen der amtlichen Fremdenverkehrsstatistik.

Das höchste Fremdenübernachtungsvolumen innerhalb der untersuchten Großerholungsräume des Rheinlandes verzeichnen folgende Gemeinden:

Fremdenübernachtungen in Beherbergungsbetrieben nach Gemeinden 1968 und 1970

Gemeinde	1968 [1]	1970 [1]
Bad Honnef (S)	260 384	317 667
Königswinter (S)	209 335	276 010
Bad Münstereifel (V)	146 137	183 662
Denklingen (Reichshof) (B)	89 498	120 545
Gemünd (N)	74 191	87 892
Waldbröl (B)	68 153	135 449
Herchen (Windeck) (B)	64 106	97 070
Marienheide (B)	60 908	51 975
Wiehl (B)	58 584	94 074
Heimbach (N)	51 691	63 425
Rurberg (N)	51 405	72 054
Gummersbach (B)	48 188	57 837
Morsbach (B)	44 925	43 825
Nümbrecht (Homburg) (B)	41 136	65 952
Eckenhagen (Reichshof) (B)	31 646	s. Reichshof
Blankenheim (N)	29 796	51 340
Hennef (B)	25 986	83 403
Bergneustadt (B)	19 013	51 785
Hellenthal (N)	16 757	34 215

S = Siebengebirge, V = Voreifel,
B = Bergisches Land, N = Nordeifel
[1] Statistisches Fremdenverkehrsjahr

Von 1968 bis 1970 stiegen diese Übernachtungszahlen beachtlich an, was jedoch zum großen Teil auf Gebietsveränderungen infolge der Verwaltungsreform zurückzuführen ist. Ein unmittelbarer Vergleich ist daher zumeist nicht möglich.

Die Gesamtzahl aller Fremdenübernachtungen in den Untersuchungsräumen stieg von 1968 bis 1970 zwischen 10 % und 20 %. Die höchsten Zunahmen verzeichnete die Nordeifel sowie das Bergische Land in seinem Ostteil (Oberbergischer Kreis).

6.22 Aufenthaltsdauer und Saisonverlauf

Die mittlere Verweildauer der Übernachtungsgäste ermöglicht eine Aussage darüber, in welchem Grad kurz- oder langfristige Aufenthalte in einem Gebiet vorherrschen. Dieser Durchschnittswert setzt sich allerdings aus verschiedenen, sich überlagernden Erholungsverkehrsarten zusammen. Für die Fremdenübernachtungen in den Beherbergungsbetrieben der Untersuchungsräume gelten folgende Durchschnittszahlen:

Mittlere Aufenthaltsdauer in Beherbergungsbetrieben [1]

	Tage
1. Bergisches Land	4,6
2. Nordeifel	5,5
3. Schwalm-Nette	2,5
4. Voreifel	9,6
5. Kottenforst-Ville	–
6. Siebengebirge	4,8
7. Itter-/Neandertal	–

[1] Fremdenverkehrsjahr 1968

Eine längere durchschnittliche Verweildauer ist das Indiz für einen größeren Anteil an Kur- und Feriengästen. Dies geht teilweise bereits aus der Angebotsstruktur des Beherbergungsgewerbes hervor. So entfallen in der Voreifel mit Bad Münstereifel rd. 70 % aller Fremdenbetten auf Pensionen, Erholungsheime oder Sanatorien. Im Naturpark Schwalm-Nette sind diese Betriebsarten dagegen fast überhaupt nicht vertreten. Bei den übrigen Untersuchungsgebieten bewirkt die gleichmäßigere Verteilung aller Betriebsarten eine vielschichtige Überlagerung unterschiedlich langer Aufenthalte. Im Siebengebirge z. B. liegt unmittelbar benachbart von Königswinter, dessen Gäste im Durchschnitt nur 2,5 Tage verweilen, das Heilbad Honnef, wo die durchschnittliche Aufenthaltsdauer durch den hier vorherrschenden Kurverkehr 14,8 Tage beträgt.

In nahezu allen Berichtsgemeinden der rheinischen Großerholungsräume erfolgt eine mehr oder weniger starke Reduzierung der mittleren Verweildauer durch den Wochenend- und Durchgangsreiseverkehr. In Bad Münstereifel z. B. beträgt die durchschnittliche Aufenthaltsdauer 10,3 Tage; sie betrüge ohne die Kurzaufenthalte (bis 3 Übernachtungen pro Gast) etwa 18 Tage.

Die Großerholungsräume im Rheinland haben einen besonders unausgeglichenen Saisonverlauf. Da der

Anteil des Kurverkehrs relativ gering ist, nur 3 von insgesamt 26 in Nordrhein-Westfalen befindlichen Heilbädern und 7 der insgesamt 24 Luftkurorte liegen in den Untersuchungsgebieten, und auch der Wintersportverkehr hier bis auf wenige Ausnahmen keine Rolle spielt, existiert nur eine sehr schwache Wintersaison. In sämtlichen Untersuchungsgebieten entfallen weniger als ein Drittel aller Fremdenübernachtungen in Beherbergungsbetrieben auf das statistische Winterhalbjahr (Oktober bis März).

Hiermit in Zusammenhang steht eine relativ niedrige jährliche Ausnutzung der vorhandenen Bettenkapazität, wobei sich allerdings hier die Fehler der Fremdenverkehrsstatistik unterschiedlich auswirken können. Mit Ausnahme des Siebengebirges liegt die durchschnittliche Ausnutzungsziffer in allen Untersuchungsgebieten unter 35 %; für das Land Nordrhein-Westfalen beträgt sie demgegenüber 42 % (1968).

6. 23 Gästestruktur und Einzugsbereich

Über die Struktur der Übernachtungsgäste liegen nur sehr wenige Angaben vor, da sie von der amtlichen Fremdenverkehrsstatistik nicht erfaßt werden.

Eine Befragung der Gästeschichtung bei insgesamt 1 600 Urlaubern in der Nordeifel aus dem Jahre 1968 ermittelte folgende Altersstufen (35):

Altersaufbau von Urlaubern in der Nordeifel 1968

Altersjahre	Anteil in v. H.	Vergleich Nordrhein-Westfalen 1. 1. 1968
0—14	10,5	22,0
15—24	3,4	13,7
25—39	14,4	22,5
40—59	36,6	24,1
über 60	35,1	17,2

Während die jüngeren Altersjahrgänge bis 40 Jahre unterrepräsentiert sind, sind die über 60jährigen überdurchschnittlich stark vertreten. In seiner Untersuchung über die Nordwesteifel stellt Gläser für drei näher untersuchte Gemeinden (Woffelsbach, Einruhr, Erkensruhr) (34) bei den Übernachtungsgästen nur 4 % Kinder unter 14 Jahren fest. Hier überwiegen die Sozialgruppen Angestellte, Hausfrauen und Selbständige (1966).

Bei den länger verweilenden Urlaubsgästen im Siebengebirge (Ittenbach) sind hauptsächlich ältere, nicht mehr im Erwerbsleben stehende Personen vertreten (67).

Entsprechend den in Kap. 3. 1 getroffenen Feststellungen scheinen die Erholungsräume im Rheinland als Urlaubsziel stärker für ältere Menschen attraktiv zu sein.

Als bevorzugte Reisemotive wurden von den Urlaubern der Nordeifel genannt (35):

Reisemotiv bei Urlaubern in der Nordeifel 1968

	Anteil in v. H.
Landschaft	40,5
Klima	25,6
Entfernung	19,6
Preisniveau	8,5
Kinder	5,8

Diese sporadischen Informationen über die Gästestruktur können natürlich kein repräsentatives Bild für sämtliche Großerholungsräume abgeben.

Etwas umfassendere Angaben existieren über die Herkunft der Übernachtungsgäste.

Während im gesamten Rheinland 19 % aller gewerblichen Fremdenübernachtungen von Ausländern stammen (1968), was zu einem großen Teil auf den Städtetourismus zurückzuführen ist (vergl. Kapitel 4. 1), ist der Ausländeranteil in den Untersuchungsgebieten zumeist geringer.

Ausländeranteil in % der Fremdenübernachtungen in Beherbergungsbetrieben [1]

1. Bergisches Land	2 %
2. Nordeifel	10 %
3. Schwalm-Nette	18 %
4. Voreifel	2 %
5. Kottenforst-Ville	-
6. Siebengebirge	18 %
7. Itter-/Neandertal	-

[1] Fremdenverkehrsjahr 1968

Einzelne bei Ausländern besonders beliebte Fremdenverkehrsorte verzeichnen natürlich weit über dem Durchschnitt liegende Quoten, so z. B. Königswinter mit 38 %, Niederkrüchten mit 40 % oder Monschau mit 41 %.

Unter den einzelnen Herkunftsländern stehen im allgemeinen die Benelux-Staaten sowie Großbritannien an der Spitze. Der Einzugsbereich der ausländischen Übernachtungsgäste sei hier am Beispiel von Königswinter dargestellt.

Ausländerfremdenübernachtungen in Königswinter 1965 (67)

insgesamt	70 655
darunter	
Großbritannien	20 080
Niederlande	18 593
Belgien und Luxemburg	13 523
USA	6 132
Schweden	1 954
Afrika	1 917
Frankreich	1 700
Südamerika	1 257
Dänemark	1 086

Einen mit insgesamt weniger als 1 % augenfällig niedrigen Ausländeranteil bei den gewerblichen Fremdenübernachtungen besitzen sämtliche Erholungsgemeinden im Oberbergischen Land.

Im Campingverkehr sind Ausländer im allgemeinen stärker vertreten. In den Naturparken Nordeifel und Schwalm-Nette beträgt ihr Anteil nahezu 50 %.

Über die Herkunft der deutschen Übernachtungsgäste in Beherbergungsbetrieben liegen nur Angaben aus der Nordeifel vor. Nach der o. a. Untersuchung (35) stammen 63 % der Übernachtungsgäste aus Nordrhein-Westfalen und 75 % aus Herkunftsorten bis zu 200 km Entfernung. Als Haupteinzugsbereich treten die Großräume Aachen (19,1 %) Niederrhein (14,9 %), Köln (9,3 %), Ruhrgebiet (9,1 %) und Düsseldorf (6,7 %) in Erscheinung.

Zu ähnlichen Resultaten gelangt Gläser (34) für die Übernachtungsgäste der Gemeinden Woffelsbach, Einruhr und Erkensruhr, wo der Anteil der in Nordrhein-Westfalen beheimateten Gäste zwischen 53 % und 76 % beträgt (1966). Bei den von ihm erfaßten Wochenendhäusern und -wohnungen, insgesamt rd. 500, tritt der Naheinzugsbereich noch deutlicher hervor. Die Eigentümer bzw. Mieter stammen zu 49 % aus einer Entfernungszone bis 50 km und zu 86 % bis 100 km.

Es bestätigt sich, daß die rheinischen Großerholungsräume, von einigen wenigen Ausnahmen abgesehen, keinen großen überregionalen Einzugsbereich aufweisen.

6.3 Tagesbesucher

In den Großerholungsräumen des Rheinlandes übertrifft die Zahl der Tagesbesucher, d. h. diejenigen Fremden, die sich nur während eines Tages, oft nur wenige Stunden im Zielgebiet aufhalten, die Zahl der Übernachtungsgäste um ein Vielfaches. Weil quantitative Daten über dieses Besucheraufkommen weitgehend fehlen, wurden in den o. a. 7 Großerholungsräumen vom Verfasser mehrere empirische Verkehrsuntersuchungen durchgeführt (19, 20, 21, 22, 23, 24), deren wichtigste Ergebnisse hier Verwendung finden.

6.31 Erfassungsmethode

Für Zielgebietsuntersuchungen bieten sich 2 methodische Wege an (36):
a) Frequenzmessungen des einreisenden bzw. rückreisenden Zielverkehrs
b) Standorterhebungen im Zielgebiet.

Für die Untersuchungsgebiete wurden beide Verfahren verwendet. Frequenzmessungen des Kfz-Verkehrs kamen in den Großerholungsräumen Bergisches Land, Nordeifel und Schwalm-Nette zur Anwendung. Hierbei wurde an ringförmig um das Zielgebiet angeordneten Zählstellen entlang der Hauptzufahrtstraßen der zwischen 15.00 und 20.00 Uhr ausfließende Kraftfahrzeugverkehr unter gleichzeitiger Erfassung der Kfz-Kennzeichen gezählt. Denn während sich der Verkehr zu den Erholungsgebieten meist über den ganzen Tag erstreckt und die Zahl der »unlogischen« Fahrten, d. h. derjenigen Fahrzeuge, die ihr Ziel auf Umwegen und Rundtouren ansteuert, die Erhebung erschwert, benutzen die auf der Rückfahrt befindlichen Erholungsverkehrsteilnehmer innerhalb einer kurzen Zeitspanne am Nachmittag und Abend in der Regel den direkten Weg zu ihren Herkunftsgebieten. Stichproben haben ergeben, daß etwa 80—90 % aller auswärtigen Tagesbesucher die Untersuchungsgebiete zwischen 15.00 und 20.00 Uhr wieder verließen.

An Durchgangsverkehrsstrecken erfolgte die Zählung in beiden Fahrtrichtungen, um den reinen Durchgangsverkehr auszusondern. Auch der Quellverkehr der im Zielgebiet zugelassenen Kfz blieb unberücksichtigt. Der nicht dem Tageserholungsverkehr zuzuordnende Fahrzeuganteil wird durch die nicht 100 % vollzählig erfaßte Verkehrsmenge (z. B. nach 20.00 Uhr) etwa ausgeglichen. Die Zahl der Erholungsverkehrsteilnehmer läßt sich über die durch verschiedene Untersuchungen bestätigte durchschnittliche Belegung der Kfz im Erholungsverkehr, Pkw = 3 Personen und Omnibus = 35 Personen, errechnen.

Mit Hilfe dieser inzwischen erfolgreich bewährten Methode [11] gelangt man innerhalb gewisser Fehlerquoten zu ziemlich einwandfreien Ergebnissen. Als ein Mangel erweist sich hierbei lediglich die Beschränkung auf den Individualverkehr, doch spielen in den o. a. 3 Großerholungsräumen öffentliche Verkehrsmittel für den Tageserholungsverkehr eine völlig untergeordnete Rolle.

Eine etwas andere Situation ist in den übrigen Untersuchungsgebieten gegeben. Ihre geringere Flächenausdehnung und der zum Teil sehr starke Durchgangsverkehr sowie die relativ größere Bedeutung des öffentlichen Verkehrs machten die Anwendung der zweiten Methode erforderlich [12]. Hierbei wurden an den wichtigsten Erholungsschwerpunkten die auf Parkplätzen oder entlang von Straßen und Wegen abgestellten Fahrzeuge in einstündigen Intervallen gezählt, wobei durch Notierung der Kfz-Kennzeichen Doppelzählungen vermieden wurden. Außerdem wurden hier noch Fußgängerzählungen an den im Zielgebiet gelegenen Haltestellen öffentlicher Verkehrsmittel durchgeführt. Auch die nach dieser recht häufig verwendeten Methode [13] ermittelten Ergebnisse können als zuverlässig betrachtet werden.

Diese Verkehrszählungen fanden jeweils an mehreren Sonntagen bzw. Feiertagen statt; aus Vergleichsgründen wurde zum Teil auch eine Samstagzählung durchgeführt [14]. Die mehrmalige Wiederholung sollte den jahreszeitlichen sowie witterungsmäßigen Einfluß aufzeigen und Durchschnitts- sowie Spitzenergebnisse ermitteln.

6.32 Besucheranzahl

Aus den verschiedenen Zählungsdaten ließ sich ein gemeinsames Bezugsjahr 1968 ableiten. Danach ergeben sich unter Zurechnung bestimmter Fehlquoten an wettergünstigen Sonn- und Feiertagen die folgenden Tagesbesucherzahlen:

Tagesbesucher in Großerholungsräumen des Rheinlandes Sonn- und Feiertage [1]

Untersuchungsgebiete	Durchschnittswert	Spitzenwert
1. Bergisches Land	85 000	125 000
2. Nordeifel	75 000	100 000
3. Schwalm-Nette	40 000	60 000
4. Voreifel	11 000	17 000
5. Kottenforst-Ville	25 000	35 000
6. Siebengebirge	25 000	35 000
7. Itter-/Neandertal	20 000	30 000
insgesamt	rd. 280 000	rd. 400 000

[1] bezogen auf das Jahr 1968 außerhalb der winterlichen Jahreszeit

Unter den einzelnen Untersuchungsgebieten liegt das Bergische Land mit 85 000 bzw. 125 000 Tagesbesuchern an der Spitze. Es folgen Nordeifel und Schwalm-Nette. Etwa gleich hohe Besucherzahlen verzeichnen die ballungsnah gelegenen Zielgebiete Kottenforst-Ville, Siebengebirge und Itter-/Neandertal. Den niedrigsten Wert erreicht die Voreifel.

Die Resultate der Samstagzählungen erreichen jeweils nur etwa 25 % bis maximal 60 % der Sonntagsergebnisse.

Auf das im Sinne der Nutzungsintensität bzw. Besucherdichte wichtige Verhältnis zwischen Besucherzahl und Flächengröße der Untersuchungsgebiete wird später noch eingegangen werden (vergl. Kap. 6.4). Gegenüber allen bisherigen Schätzungen stellen diese Ergebnisse eine innerhalb gewisser Fehlerquoten gesicherte Größenordnung dar. Die 7 untersuchten Großerholungsräume haben zusammen ein durchschnittliches Tagesbesucheraufkommen von 280 000 Personen. Der Spitzenwert liegt bei mindestens 400 000 Personen; hierbei handelt es sich aber noch keineswegs um die maximale Rekordhöhe, wie sie zumeist nur 1 bis 2 mal im Jahr auftritt.

6.33 Wettereinfluß und jahreszeitliche Schwankungen

Als wichtigster Einflußfaktor für die Stärke des Tageserholungsverkehrs erweist sich die Wettersituation. Während die Wetterlage am Herkunftsort darüber entscheidet, in welchem Grade der Erholungsverkehr überhaupt einsetzt, bestimmt die Wetterlage im Zielgebiet dann sekundär die Zeitdauer des Aufenthaltes. So ließ sich bei plötzlich eintretender Wetterverschlechterung ein wesentlich verfrühter Rückreisestrom der Besucher registrieren. Ausgesprochen ungünstige Wetterverhältnisse, z. B. Dauerregen wurden wegen der damit verbundenen erhebungstechnischen Schwierigkeiten bei den Verkehrszählungen nicht erfaßt. Die Untersuchung in Hamburg (9) hat ergeben, daß sich ein Viertel der Befragten auch nicht durch schlechtes Wetter von seinen Wochenendfahrten abhalten läßt. Ein besonders hohes Besucheraufkommen ist nach längeren Schlechtwetterperioden feststellbar.

Die jahreszeitlichen Unterschiede im Besucheraufkommen sind gegenüber den witterungsbedingten Schwankungen wesentlich geringer. Dies konnte allerdings nicht für die Wintermonate festgestellt werden; die Zählungen erstreckten sich lediglich von März bis Oktober. Generell lassen sich 2 Saisonspitzen verzeichnen. Die erste liegt im Frühling, zumeist an den Oster-, Mai- und Pfingstfeiertagen, die zweite im Hauptferienmonat August. Auch anläßlich bestimmter, an Jahreszeiten gebundene Ereignisse, wie z. B. Heimat- oder Winzerfeste, erreichen einzelne Untersuchungsgebiete ihr Spitzenaufkommen.

6.34 Einzugsbereich

Als Haupteinzugsbereiche der rheinischen Großerholungsräume im Tageserholungsverkehr treten erwartungsgemäß die Agglomerationen Rhein-Ruhr, hier insbesondere die Rheinische Stadtlandschaft, sowie Aachen-Lüttich-Maastricht in Erscheinung, wobei den einzelnen Untersuchungsgebieten jeweils eigene, besonders ausgeprägte Naheinzugsgebiete zugeordnet sind.

Eine Auswertung der bei den Verkehrszählungen erfaßten Kfz-Zulassungskennzeichen, teilweise auch der Fußgängerherkunftsorte, erbrachte, bezogen auf die jeweilige Untersuchungsgebietsgrenze, folgende Durchschnittsentfernungen der Besucherwohnorte:

Die Herkunft der Tagesbesucher in Großerholungsräumen des Rheinlandes nach Entfernungszonen in v. H.

Untersuchungsgebiet	bis 25 km	26 bis 50 km	51 bis 100 km	über 100 km
1. Bergisches Land	65	22	10	3
2. Nordeifel	55	25	14	6
3. Schwalm-Nette	65	20	12	3
4. Voreifel	42	34	17	7
5. Kottenforst-Ville	80	14	4	2
6. Siebengebirge	52	20	20	8
7. Itter-/Neandertal [1]	—	—	—	—

[1] vorläufig keine Ergebnisse

In allen Untersuchungsgebieten stammen mindestens 70 % der Tagesbesucher aus einem Entfernungsradius bis zu 50 km. Für das Gebiet Kottenforst-Ville mit seiner ausgeprägten Stadtranderholungsfunktion macht dieser Besucheranteil sogar 94 % aus. Den weitesten Einzugsbereich mit 28 % der Besucher aus Herkunftsgebieten von über 50 km Entfernung hat das Siebengebirge aufgrund seiner überregionalen Attraktionskraft.

Ausländische Tagesbesucher sind erwartungsgemäß vor allem in den grenznahen Gebieten Nordeifel und Schwalm-Nette sowie im Siebengebirge stärker vertreten.

**Durchschnittlicher Ausländeranteil in %
der Tagesbesucher insgesamt**

1.	Bergisches Land	1 %
2.	Nordeifel	12 %
3.	Schwalm-Nette	7 %
4.	Voreifel	5 %
5.	Kottenforst-Ville	1 %
6.	Siebengebirge	10 %
7.	Itter-/Neandertal [1]	—

[1] vorläufig keine Ergebnisse

Unter den Herkunftsländern überwiegen die Niederlande und Belgien.

Für einzelne Untersuchungsgebiete sind hinsichtlich der Besucherherkunft bestimmte Besonderheiten feststellbar. So verzeichnet der Naturpark Schwalm-Nette bis zu 1 500 Besucher aus Großbritannien, was jedoch auf die umfangreichen britischen Truppenstationierungen in unmittelbarer Nähe zurückzuführen ist.

Auch die Lagebeziehung zu anderen sogenannten Konkurrenzgebieten macht sich bemerkbar. So kommen in die Nordeifel weit mehr Besucher vom Niederrhein, als aus dem näher gelegenen Köln-Bonner Raum. Für jene ist die Nordeifel das nächstgelegene Mittelgebirge, die Bewohner der Kölner Bucht dagegen besitzen für ihre Wochenendausflüge eine größere Anzahl gut erreichbarer Berglandschaften.

Durch Gegenüberstellung der bei den Verkehrszählungen erfaßten Fahrzeuge mit dem Pkw-Bestand der jeweiligen Zulassungbezirke tritt diese unterschiedlich ausgeprägte Besuchsintensität der einzelnen Herkunftsgebiete noch deutlicher zu Tage.

Die Entfernung zum Zielgebiet spielt dabei die größte Bedeutung, da beim Tageserholungsverkehr der Zeit- und Transportkostenfaktor besonders relevant ist. So waren aus den unmittelbar benachbarten Bezirken der Untersuchungsgebiete teilweise bis zu 10 % aller dort zugelassenen Fahrzeuge am Zielverkehrsaufkommen beteiligt. Mit zunehmender Entfernung sinkt dieser Anteil schnell auf unter 1 %.

Weiter als 50 km entfernte Bezirke sind allgemein nur noch mit weniger als 0,5 % ihres Pkw-Bestandes vertreten. Diese sogenannte Distanzempfindlichkeit entspricht ähnlichen Ergebnissen aus norddeutschen Erholungsgebieten (43). Dort wurde festgestellt, daß bis zu einer Entfernung von 50 km vom Zielgebiet im Durchschnitt 3,8 % des Pkw-Bestandes des Quellgebietes am sonntäglichen Erholungsverkehr teilgenommen haben. Für die Entfernungen bis zu 100 km sowie 200 km wurden die Grenzwerte 0,6 % bzw. 0,1 % ermittelt.

Das Vorhandensein leistungsfähiger und schneller Verkehrsstraßen kann eine Vergrößerung des Einzugsgebietes über diese Grenzwerte hinaus bewirken. Auch die motivische Attraktionskraft bestimmter Erholungslandschaften bei der Bevölkerung hat Einfluß auf den Einzugsbereich. Die Stadt Köln z. B. besitzt eine deutliche Präferenz für das Bergische Land, wie die nachfolgenden Besucherzahlen aufgrund der Zählungsergebnisse zeigen.

**Tagesbesucher der Stadt Köln in Großerholungsräumen des Rheinlandes
(Sonn- und Feiertage)**

		Anzahl [1]
1.	Bergisches Land	25 000
2.	Nordeifel	8 000
3.	Schwalm-Nette	1 000
4.	Voreifel	2 000
5.	Kottenforst-Ville	5 500
6.	Siebengebirge	2 500

[1] grobe Spitzenwerte

Die Einzugsbereiche der Untersuchungsgebiete zeigen im jahreszeitlichen Verlauf gewisse Unterschiede. So lassen sich in den Ferienmonaten Juli und August weiter entfernte Herkunftsgebiete registrieren, wobei hier vermutlich auch die Ausflüge von Urlaubern ins Gewicht fallen. In den Herbstmonaten dagegen werden, nicht zuletzt wegen der früh einbrechenden Dunkelheit, allgemein kürzere Entfernungen zurückgelegt.

6.35 Erholungsschwerpunkte

Die Ergebnisse verschiedener Sondererhebungen und Detailuntersuchungen innerhalb der Großerholungsräume sowie langjährige Erfahrungen ermöglichen eine Grobaussage über die schwerpunktmäßige Verteilung der Tagesbesucher entsprechend ihren vielfältigen Erholungs- und Freizeittätigkeiten im Zielgebiet. Dabei müssen Art und Umfang der verschiedenen Besucherströme ortsspezifisch gesehen werden, d. h. sie sind erheblich von der speziellen Angebotsstruktur im Untersuchungsgebiet abhängig.

Eine besonders starke Anziehungskraft für den Tageserholungsverkehr haben wasserorientierte Standorte. Durch die relativ große Entfernung zur Meeresküste, für das Rheinland im Durchschnitt zwischen 250 und 300 km, haben sich die Binnenseen, Talsperren und Flüsse zu bedeutenden Erholungsschwerpunkten herausgebildet. Hier konzentriert sich nicht nur der Bade-, Wassersport- und Schiffahrtsbetrieb, sondern an den Ufern liegen auch noch die Mehrzahl der im Rheinland vorhandenen Campingplätze, insbesondere die dauervermieteten Anlagen.

In der Nordeifel z. B. haben rd. 25 % sämtlicher Tagesbesucher den engeren und weiteren Bereich der Rurtalsperre zum Ziel. Zu den überaus stark besuchten Seen und Talsperren in den Großerholungsräumen gehören:

Wasserorientierte Erholungsschwerpunkte (Seen und Talsperren) in Großerholungsräumen des Rheinlandes

    Bevertalsperre
    Aggertalsperre
    Bruchertalsperre
    Lingeser Talsperre
    Rurtalsperre Schwammenauel
    Urfttalsperre
    Stausee Obermaubach
    Krickenbecker Seen
    Harik-See
    de Witt-See
    Steinbachtalsperre
    Liblarer See
    Heider Bergsee
    Unterbacher See

Auch Fluß- und Bachläufe, letztere oft als Weiher aufgestaut, bilden vor allem in den Untersuchungsgebieten Bergisches Land, Schwalm-Nette und Nordeifel sehr beliebte Ausflugsziele.

Während der Sommermonate treten hier schließlich noch die zahlreichen Freibäder in Erscheinung.

Als eine weitere Kategorie von Erholungsschwerpunkten lassen sich die Ziele bestimmen, welche besondere Sehenswürdigkeiten der Natur oder Erzeugnisse der Kulturlandschaft darbieten.

Hierzu gehören die Hochwildschutzparke, Wildgehege und kleineren Tierparke wie z. B. in Kommern, Hellenthal, Altenberg, Wiehl und Brüggen oder die bergischen Tropfsteinhöhlen in Wiehl und Ründeroth. Auch die Natur- und Forstlehrparke in Wildenrath und Gummersbach sowie zahlreiche Waldlehrpfade in allen Untersuchungsgebieten stoßen auf ein reges Publikumsinteresse. Daneben sind hier Einrichtungen wie das Freilichtmuseum in Kommern, das Neandertalmuseum oder das Handweberdorf Rupperath zu nennen.

Als bedeutendste Besucherschwerpunkte erweisen sich jedoch die größeren Fremdenverkehrsorte, die durch ein historisches Ortsbild oder Baudenkmal in Verbindung mit bekannten Sehenswürdigkeiten und Attraktionen in Erscheinung treten. Klassische Beispiele hierfür sind Bad Münstereifel, Burg an der Wupper und Königswinter, deren spezifische Situation hier kurz dargestellt sei.

Zwar besitzt Bad Münstereifel auch größere Bedeutung für langfristige Erholungsaufenthalte zahlreicher Kur- und Dauergäste, doch wird diese Funktion durch den Tages- und Wochenendverkehr vollständig überlagert. Das mittelalterliche Stadtbild mit seinen Befestigungsmauern und Stadttoren, der Burganlage und dem gotischen Rathaus sowie den zahlreichen Fachwerkhäusern gilt als primärer Anziehungsfaktor. Daneben spielen jedoch die sekundären Attraktionen wie Minigolfplatz, Sportanlagen, Andenkengeschäfte sowie die zahlreichen Gaststätten und Cafés mit einem Sitzplatzangebot für rd. 3 000 Personen eine wichtige Rolle. An Spitzentagen halten sich in Bad Münstereifel bis zu 7 500 Kurzbesucher auf.

Ähnlich ist die Situation in Burg an der Wupper. Die alte Residenz der Grafen von Berg mit dem Schloß und seinem vielbesuchten Rittersaal sowie den bergischen Fachwerkhäusern mit ihren grünen Türen und Fensterläden stellt ein beliebtes Ausflugsziel dar. Doch neben dem Heimatmuseum im Schloß, das jährlich 1/4 Mio Besucher aufweist, sind die eigentlich stärksten Attraktionen die Aussichtsterrassen, eine Sesselbahn, der Minigolfplatz, Restaurationsbetriebe und Andenkenkioske für eine Besucherzahl von nahezu 10 000 Personen an Spitzentagen.

Der sicherlich größte Tagesbesucherschwerpunkt im Rheinland ist Königswinter. Die Burgruine des Drachenfels und sicherlich auch die exponierte Lage dieser Kleinstadt am Rhein mit einem kleinen Bestand an barocken und klassizistischen Bürgerhäusern bildet den Hintergrund für einen Ausflugs- und Vergnügungsbetrieb gewaltigen Ausmaßes. Rheinuferpromenade, Bootsfahrten, Freibad, Kleingolfplatz, Drachenhöhle, Pferdedroschken, Eselreiten, Souvenirläden, Weinstuben und Tanzlokale bilden eine breite Angebotspalette für mehr als 15 000 Kurzbesucher an schönen Sonn- und Feiertagen. Wichtigster Anziehungspunkt ist der Drachenfels, dessen Zahnradbahn an Spitzentagen 10 000 Personen befördert und der mit insgesamt ca. 1,5–2 Mio Besuchern pro Jahr gern als meistbestiegener Berg Deutschlands bezeichnet wird.

Für Erholungsschwerpunkte dieser Art ließen sich im Rheinland noch sehr viele Beispiele aufführen. Hierbei bildet die Gastronomie regelmäßig eines der wichtigsten Standortmerkmale. Auf die eventl. mit einem Spaziergang verbundene Fahrt zum Mittag- bzw. Abendessen oder Nachmittagskaffee entfällt ein wesentlicher Teil des Tageserholungsverkehrs. Hierfür stehen nicht nur Einzelreisenden, sondern auch Reisegesellschaften spezielle Großrestaurants mit mehr als 1 000 Sitzplätzen wie z. B. die Waldau (Kottenforst-Ville) oder der Seehof (Nordeifel) zur Verfügung.

Als nicht regelmäßige, sondern nur zeitweilige Besucherschwerpunkte sind die anläßlich bestimmter Ereignisse besonders zahlreich frequentierten Standorte anzusprechen. So vermögen Sportveranstaltungen wie z. B. die internationalen Kanutage sowie Wildwassermeisterschaften in Monschau beträchtliche Besucherströme anzuziehen. Desgleichen haben Heimatfeste, wie z. B. Kirmes und Winzerfeste, oder kulturelle Veranstaltungen wie das Eifeler Musikfest in Steinfeld eine große Besucherzahl. Auch der wegen der klimatischen Verhältnisse im Rheinland relativ selten einsetzende Wintersportbetrieb in einzelnen Gebieten der Eifel und des Bergischen Landes rechnet hierzu.

Der reine Wanderverkehr ist weniger an Schwerpunkte gebunden, sieht man von größeren Wanderparkplätzen an so beliebten Standorten wie z. B. Schmelztal (Siebengebirge), am Kermeter (Nordeifel) oder in Zweifall (Nordeifel) ab, wo an einzelnen Sonntagen im Frühjahr mehr als 250 Pkw angetroffen werden.

Schließlich sei noch auf die stark verbreitete Erscheinungsform der sogenannten Spazier- und Autorundfahrten verwiesen. Innerhalb der Untersuchungsgebiete ist ständig eine größere Anzahl von Fahrzeugen unterwegs, wobei landschaftlich reizvolle Fahrtstrecken mit attraktiven Besichtigungspunkten gewählt werden.

6.36 Besucherstruktur

Aus der räumlichen Verteilung der Tagesbesucher auf die verschiedenen Erholungsschwerpunkte und die damit verbundenen Erholungs- und Freizeittätigkeiten lassen sich bereits allgemeine Rückschlüsse auf die Besucherstruktur ableiten. So ist z. B. der relativ hohe Anteil jüngerer Altersgruppen unter den Besuchern von Freibädern bekannt.

Um genauere Aufschlüsse über die Besucherstruktur der Großerholungsräume zu gewinnen, wurde als explorative Untersuchung im Naturpark Kottenforst-Ville 1968 eine **Befragungsaktion** durchgeführt. Dabei sollte festgestellt werden, ob und in welchem Maße die Methode der Fragepostkarte Aussagen über Alter, Herkunft, Besuchsdauer, Periodizität, Aufenthaltsmotive und Beschäftigungsarten der Besucher ermöglicht. Anläßlich der Verkehrszählungen gelangten insgesamt 8 900 Fragepostkarten zur Verteilung. Obwohl das Porto vom Empfänger getragen wurde, betrug die allgemeine Rückkehrquote nur 20,5 %. Die starken Schwankungen bei der Rückkehrquote in bezug auf Ausgabeort und Ausgabezeitpunkt deuten auf eine Verzerrung des Samples. Die Befragungsergebnisse vermitteln trotzdem einige interessante Aufschlüsse. Als Beispiele seien genannt:

Besucher im Naturpark Kottenforst-Ville
Altersgruppen nach Jahreszeit und Teilräumen in v. H.

Alters-gruppe	insgesamt	davon					
		Sommer	Herbst	Kottenforst		Ville	
				Sommer	Herbst	Sommer	Herbst
20 – 30	16	18	13	13	14	22	11
30 – 40	28	31	25	24	22	36	30
40 – 50	25	23	28	19	27	25	31
50 – 60	17	13	20	17	22	10	17
60 – 70	10	11	9	18	10	6	8
70 und mehr	3	3	3	7	3	1	3

Hier muß berücksichtigt werden, daß Kinder nicht befragt wurden. Deutlich zeigt sich, wie die sommerlichen Badegäste in der Ville eine Anteilsverschiebung zugunsten jüngerer Altersgruppen bewirken.

Besucher im Naturpark Kottenforst-Ville
Besuchshäufigkeit nach Jahreszeit und Teilräumen

	insgesamt	davon					
		Sommer	Herbst	Kottenforst		Ville	
				Sommer	Herbst	Sommer	Herbst
mehrmals in der Woche	21	25	18	33	20	20	10
möglichst jedes Wochenende	43	39	46	36	47	40	44
mehrmals im Jahr	31	28	32	26	30	30	40
selten	5	7	4	4	4	9	5

Die Angaben lassen die besondere Funktion dieses Untersuchungsraumes als Stadtranderholungsgebiet erkennen.

Besucher im Naturpark Kottenforst-Ville
Besuchsantritt nach Jahreszeit und Teilräumen

Eintrittsstunde in den Naturpark in v. H.	insgesamt	davon					
		Sommer	Herbst	Kottenforst		Ville	
				Sommer	Herbst	Sommer	Herbst
bis 12	25	7	9	7		36	8
12 – 14 Uhr	15	20	15	21		16	19
14 – 16 Uhr	36	61	42	61		31	61
16 Uhr und später	25	11	35	11		18	10

Während im Sommer in der Ville mehr als 50 % der Absender ihren Besuch bereits vor 14.00 Uhr angetreten haben (Badegäste), beträgt der entsprechende Anteil im Kottenforst nur 24 %. Im Herbst entfallen in beiden Teilräumen 61 % auf die frühen Nachmittagsstunden (14.00–16.00 Uhr) und lediglich 11 % auf den Zeitraum ab 16.00 Uhr.

Die durchschnittliche Aufenthaltsdauer der Besucher beträgt im Kottenforst Sommer wie Herbst 3 Stunden, in der Ville im Sommer 4–5 Stunden, im Herbst ebenfalls 3 Stunden.

Die folgende Tabelle gibt die 6 am häufigsten genannten Motive aus einer Auswahl von 12 wieder. Da im Durchschnitt 2,2 der vorgegebenen Antworten markiert wurden, ergeben die Anteile mehr als 100 %.

Jeweils weniger als 15 % entfielen auf die Antworten »Abwechslung von zu Hause«, »gepflegte Parkanlagen«, Ausruhen«, »Zusammensein mit Freunden und Bekannten«, »in Wohnungsnähe keine Erholungs-

Besucher im Naturpark Kottenforst-Ville
Aufenthaltsmotive nach Jahreszeit und Teilräumen
in v. H.

	Insgesamt	davon					
		Sommer	Herbst	Kottenforst		Ville	
				Sommer	Herbst	Sommer	Herbst
Körperliche Bewegung	64	56	72	61	72	52	71
saubere Luft	55	49	61	61	64	40	54
Schöne Landschaft	33	32	35	35	34	31	35
Ruhe und Einsamkeit	25	24	27	27	26	22	30
Naturerlebnis	25	24	25	33	27	17	21
Auslauf für die Kinder	21	22	21	16	20	26	24

möglichkeit« und »einfach ein Autoausflug«. Natürlich sind anonyme Angaben über Aufenthaltsmotive äußerst kritisch zu betrachten.

Besucher im Naturpark Kottenforst-Ville
Beschäftigungsarten nach Jahreszeit und Teilräumen
in v. H.

	Insgesamt	davon					
		Sommer	Herbst	Kottenforst		Ville	
				Sommer	Herbst	Sommer	Herbst
Spazierengehen	73	65	81	79	83	55	75
Längere Wanderungen	44	39	48	47	47	32	51
Baden	20	34	7	4	2	56	18
Spielen im Freien	13	15	12	12	13	17	10
Gaststättenbesuch	10	1	9	18	11	6	3
Wasser- und sonst. Sport	9	4	3	3	2	23	9

Unter den genannt Beschäftigungen stehen »Spazierengehen« mit ʃ % und »Wandern« mit 44 % an der Spitze. Im Herbst entfallen auf diese Tätigkeiten noch höhere Anteile. Demgegenüber wird im Sommer von 34 % der Befragten »Baden« angegeben, darunter in der Ville allein von 56 %. Weniger als 5 % nannten »Lagern und Picknick« sowie »Besichtigungen«.

Gerade die Antwort zu dieser Frage lassen die besondere Abhängigkeit von der vorhandenen Angebotsstruktur erkennen. So hat die geringe Zahl von Gaststätten oder Besichtigungsobjekten in diesem Untersuchungsraum einen niedrigeren Anteil der entsprechenden Beschäftigungen zur Folge. Eine entsprechende Untersuchung im Siebengebirge würde mit Sicherheit völlig andere Resultate erbringen. Hier z. B. überwiegen die Ausflugsgäste, die zwar eine attraktive Umgebung aufsuchen, um auf kurzen Spaziergängen oder Bergbahnfahrten landschaftliche Eigenarten zu bewundern (passive Naturbetrachtung), ansonsten aber ihr Hauptinteresse auf Sport- und Spielgelegenheiten, Sehenswürdigkeiten, Restaurationen und Souveniers, kurz den massierten Amüsierbetrieb eines sog. typischen Rhein- und Winzerstädtchens richten.

Auf keinen Fall lassen sich die Ergebnisse der o. a. Befragung, ganz abgesehen von den Fehlern durch die Sampleverzerrung, auf andere Erholungsräume übertragen.

6.4 Allgemeine Struktur- und Belastungsmerkmale

Die Analyse der Bestandsaufnahmen und Sekundärmaterialien hat gezeigt, daß im Rheinland den Verdichtungsräumen mit ihrem großen Erholungsnachfragepotential Erholungsräume hoher Nutzungsintensität gegenüberstehen. Das Erholungsverkehrsaufkommen dieser Freiräume ist erheblich. In den wichtigsten Großerholungsräumen des Rheinlandes werden jährlich zusammen mehr als 4,5 Mio Fremdenübernachtungen gezählt, darunter an Spitzentagen der Hauptsaison rd. 70 000. Die Zahl der Tagesbesucher beträgt hier an Sonn- und Feiertagen im Durchschnitt rd. 280 000 und an Spitzentagen rd. 400 000. Der Tagesverkehr übertrifft damit in diesen Gebieten insges. den Übernachtungsverkehr um das 5–6fache. Durch die Verwendung verschiedener Indizes und Dichtewerte lassen sich in einem regionalen Vergleich die Intensität und Bedeutung des Erholungsverkehrs in den Großerholungsräumen bewerten und insbesondere der Grad der Raumbelastung feststellen.

In Bezug auf die Fremdenübernachtungen werden in der Literatur zumeist die beiden Meßzahlen »Bettendichte« und »Fremdenverkehrsintensität«, welche sich auf die Ortseinwohner beziehen, herangezogen. Dodt (7) z. B. bezeichnet Gemeinden mit 11 und mehr Fremdenübernachtungen je Ortseinwohner und Maximumhalbjahr nach der amtlichen Fremdenverkehrsstatistik als »Fremdenverkehrsorte« sowie Gemeinden mit einer Dichteziffer zwischen 1 und 11 als »Orte mit Fremdenverkehr«. »Räume, die das Vorherrschen eng beieinander liegender Fremdenverkehrsorte kennzeichnet, verdienen — entsprechend der aufgestellten Skala — die Benennung »Fremdenverkehrslandschaft«, während mehr oder minder geschlossen zusammenhängende Verbreitungsgebiete der »Orte mit Fremdenverkehr« als »Landschaften mit Fremdenverkehr« zu bezeichnen sind (7 S. 96). Entsprechend dieser Meßwerte bezeichnet Dodt im Rheinland das Mittelrheintal als »bänderförmige«

Fremdenverkehrslandschaft. Während der nördliche Teil der Rur-Eifel (Nordeifel) ebenfalls als Fremdenverkehrslandschaft einzustufen sei, tendiere der südliche Teil lediglich zur Landschaft mit Fremdenverkehr. Den östlichen und südlichen Teil des Bergischen Landes einschließlich des Mittelsieg-Berglandes bezeichnet er als »schwarmförmiges« Gebiet mit Fremdenverkehr. Dodt's Untersuchung beschränkt sich nur auf das Rheinische Schiefergebirge. Obwohl er für seine Bewertung auch den Tages- und Ausflugsverkehr als modifizierenden Bestimmungsfaktor mitverwandt haben will, erscheint seine Klassifizierung anfechtbar. Insbesondere die Außerachtlassung der sonstigen Beherbergungsarten, wie z. B. Campingplätze und Jugendherbergen, auf die in den betroffenen Untersuchungsgebieten zum Teil mehr als 50 % aller Fremdenübernachtungen entfallen sowie die völlige Unterbewertung des Tageserholungsverkehrs, der hier das 5—6fache Ausmaß des Übernachtungsverkehrs erreicht, müssen ein falsches Strukturbild ergeben.

Auf die Schwierigkeit, für die verschiedenen Erholungsverkehrsarten einen gemeinsamen und vergleichbaren Bewertungsmaßstab zu finden, weist bereits Gläser (34) hin.

Als möglicher Indikator zur Bemessung der Bedeutung des gesamten Erholungsverkehrs in Zielgebieten bieten sich seine wirtschaftlichen Auswirkungen, etwa in Form der Ausgabenstruktur der Touristen, an. Nach der Untersuchung aus München (10) geben die Naherholungssuchenden im Zielgebiet durchschnittlich 6—7 DM pro Person aus. Bei den Urlaubsreisenden wird eine durchschnittliche Tagesausgabe von DM 20 (50) bis 27 DM (46) je Person geschätzt. Bei diesem Ansatz ergeben sich für die 7 Großerholungsräume des Rheinlandes an Spitzentagen Gesamtausgaben in der Größenordnung von 3—4 Mio DM, die als direkter Erlös aus dem Erholungsverkehr anzusehen sind [15]. Dieser grobe Schätzwert bedürfte einer genaueren Überprüfung in Bezug auf die erholungsverkehrsbedingten Umsätze des Fremdenverkehrsgewerbes. Bereits im Jahre 1963 wurde der Jahresumsatz des gesamten Fremdenverkehrsgewerbes im Rheinland auf 1,25 Mrd DM geschätzt, je zur Hälfte vom Übernachtungs- sowie Tagesverkehr erbracht (66).

Welches Umsatzvolumen hier einzelne Fremdenverkehrsbetriebe allein durch den Ausflugsverkehr erreichen, zeigen der Seehof (Nordeifel) und die Waldau (Kottenforst-Ville), zwei Großrestaurants mit vielen sekundären Attraktionen, die einen Jahresumsatz von 1,4 Mio DM (1966) bzw. 0,75 Mio DM (1967) aufweisen.

Darüber hinaus können auch die landschaftsgestaltenden Auswirkungen des Erholungsverkehrs, wie sie bevorzugt von der Geographie untersucht werden, aussagefähige Indikatoren darstellen (z. B. 34, 50).

Für die Erholungsplanung bilden Angaben über die Nutzungsintensität und Flächenbelastung besonders wichtige Merkmale. Um einen groben Anhaltspunkt über die durchschnittliche Maximalbelastung der verschiedenen Großerholungsräume an Spitzentagen zu erhalten, wurde die Zahl der Übernachtungsgäste sowie der Tagesbesucher mit der Fläche der jeweiligen Untersuchungsgebiete dividiert. Hierbei wurde die Tatsache, daß von der Gesamtbesucherzahl nicht alle zugleich anwesend sind, vorerst außer Acht gelassen.

Durchschnittliche Maximalbelastung Personen/Tag/km² in Großerholungsräumen des Rheinlandes

Untersuchungsgebiet	Personen/Tag/km²
1. Bergisches Land	88
2. Nordeifel	91
3. Schwalm-Nette	152
4. Voreifel	110
5. Kottenforst-Ville	197
6. Siebengebirge	339
7. Itter-/Neandertal	310

Diese Dichtewerte können natürlich nur eine recht globale Größenordnung über den jeweiligen Belastungsgrad vermitteln. Sie berücksichtigen weder die vorhandene Einwohnerdichte, d. h. die zusätzliche Eigenbelastung durch die einheimische Bevölkerung, noch die tatsächliche Verteilung der Erholungsverkehrsteilnehmer im Untersuchungsraum. Die Angaben lassen jedoch klar erkennen, daß der allgemeine Belastungsgrad in den ballungsnah gelegenen Großerholungsräumen am höchsten ist und mit zunehmender Entfernung von den großstädtischen Agglomerationen sinkt.

Eine differenziertere Betrachtung würde natürlich entsprechend der verschiedenen Nutzungsintensität für einzelne Erholungs- und Freizeittätigkeiten sehr unterschiedliche Flächenbelastungswerte ergeben. Während z. B. Badegäste oder Gaststättenbesucher in der Regel auf sehr engem Raum konzentriert sind, verteilen sich die Erholungsverkehrsteilnehmer, die

ø Verteilung der Freizeit- und Erholungstätigkeiten in Großerholungsräumen des Rheinlandes

Beschäftigungsarten	%
Baden	0—20
Lagern/Picknick	0—10
Sport/Spiel/Hobby	5—10
Wandern *	5—15
Spazierengehen	25—30
Gaststättenbesuch	15—20
Besichtigung/Unterhaltung	10—15
mit Fahrzeug unterwegs	10

* Unterscheidung vom Spaziergang durch Dauer und Motivation

Wandern, Reit- oder Angelsport ausüben, stärker im Raum [16]).

Um einen Eindruck von der quantitativen Verteilung der verschiedenen Erholungs- und Freizeittätigkeiten in den untersuchten Großerholungsräumen zu erhalten, wird hier eine zusammengefaßte Grobschätzung versucht. Dabei wird von der Vorstellung ausgegangen, für verschiedene Tagesmomentaufnahmen eine gemittelte Verteilung der Beschäftigungsarten zu erhalten. Die jeweiligen Schwankungsbereiche geben die jahreszeitlichen Unterschiede an.

Die genannten Kategorien überschneiden sich teilweise. Als allgemeine Durchschnittsanteile verwischen sie auch die gebietsspezifischen Unterschiede in der Angebotsstruktur der einzelnen Untersuchungsgebiete. Sie lassen jedoch eine grobe Verteilungsstruktur der Erholungsverkehrsarten erkennen.

7. Entwicklungstendenzen

Für die zukünftige Entwicklung des Erholungsverkehrs im Rheinland sind folgende Einflußfaktoren von Bedeutung.

Als sogenannte exogene Faktoren (51) sind hier zuerst das Bevölkerungswachstum und die zunehmende Urbanisierung zu nennen. Nach dem Landesentwicklungsprogramm Nordrhein-Westfalen (52) wird die Einwohnerzahl in Nordrhein-Westfalen von 17,1 Mio (1970) bis zum Jahre 1980 auf 18,5 Mio und bis zum Jahre 2000 auf 20,5 Mio ansteigen. Jüngere Prognosen des Statistischen Landesamtes rechnen mit einer etwas geringeren Zunahme. Für das Rheinland wird aufgrund seiner besonders günstigen Entwicklungsperspektiven innerhalb Nordrhein-Westfalens die relativ höchste Zuwachsrate angenommen (53). Nach den Zielprojektionen der Landesplanungsgemeinschaft steigt die Bevölkerungszahl allein in der Rheinischen Stadtlandschaft von 4,8 Mio (1970) auf 5,5 Mio im Jahr 1980 (54). Die damit verbundene Ausdehnung der Siedlungsbereiche führt zu einem vergrößerten Freiflächendefizit.

Daneben spielt die allgemeine Freizeitverlängerung eine wichtige Rolle. In der Bevölkerung rangiert zur Zeit der Wunsch nach mehr Urlaub (56 %) vor dem Wunsch nach längerem Wochenende (26 %) sowie Verkürzung der täglichen Arbeitszeit (16 %) (6). Der Trend verläuft in Richtung Urlaubs- und Wochenendverlängerung. Optimistische Annahmen erwarten bis zum Jahr 2000 die 30-Stunden- bzw. 4-Tage Woche.

Mit der Erhöhung der durchschnittlichen Realeinkommen — die Prognosen bis 1980/85 rechnen mit einer Steigerung zwischen 50 % und 75 % — wächst der Ausgabenanteil für Freizeitzwecke. Während sich die Freizeitausgaben gegenwärtig auf ca. 8—10 % des Einkommens belaufen, wird für 1980/85 ein Anteil von 15 bis 20 % prognostiziert (6,51).

Hiermit im Zusammenhang steht eine zunehmende Mobilität der Bevölkerung, die durch die steigende Motorisierung gefördert wird. Kraftfahrzeugbesitzer bzw. Mitfahrer weisen bereits heute einen wesentlich höheren Mobilitätsgrad auf (8). Die bekannten Prognosen rechnen für 1980 mit einer Pkw-Dichte von 3 Einwohnern/Pkw. Auch die Veränderungen in der Alters-, Berufs-, und Bildungsstruktur der Bevölkerung werden zu einer erhöhten Mobilität führen.

Als sogenannte endogene Einflußfaktoren bezeichnet Maier (51) die Veränderungen der Bedarfs- und Präferenzstruktur bei den Erholungsverkehrs-Nachfragern und »ihre Abhängigkeit von gesellschaftlichen Bewertungskriterien wie Sozialprestige, Gesundheitsbedürfnis oder Modetendenzen« sowie die Entwicklung neuer Freizeitgüter und Dienstleistungen auf der Angebotsseite.

Hier ist ein gewisser Trend zu gesundheitsfördernden Freizeitaktivitäten, wie sie durch so phantasievolle Bezeichnungen wie z. B. »Trimm Dich«, »Fitnesspark«, »Vitaparcour«, »Schweißtropfenbahn«, »Kalorienpromenade« oder »Solarium« propagiert werden, gleichzeitig aber auch ein steigender Zuspruch zu den Unternehmen der Vergnügungs- und Unterhaltungsbranche (z. B. Autokino, Miniaturstadt, Delphinshow, Löwenpark, Märchenwald) festzustellen.

Große Veränderungen können auch in Bezug auf die Nachfrage nach Freizeitwohnsitzen erwartet werden. In Hamburg und München besitzen bereits 7 % aller Haushalte einen Zweitwohnsitz (55, 10). Im Rheinland kann die hohe Anzahl der Caravan- und Dauercampingplätze, allein in der Nordeifel ca. 7—8 000, als ein starkes Nachfrageindiz gewertet werden.

Untersuchungen im Münchener Naherholungsraum haben ergeben, daß dort zwei Drittel der Dauercamper unter bestimmten Voraussetzungen ihre mobilen Freizeitwohnsitze gegen feste eintauschen würden (69). Die Wochenendhaussiedlung alter Prägung wird zunehmend von modernen Freizeitwohnanlagen mit komplettem Freizeit- und Serviceangebot abgelöst (70). Müller (56) schätzt, daß bis zum Jahre 1990 mindestens 20 % der Haushalte in den Verdichtungsräumen über einen Zweitwohnsitz verfügen. Nach Schätzungen des Bundesministeriums für Ernährung, Landwirtschaft und Forsten (57) werden bis 1980 rd. 2 Mio ha bisher agrarisch genutzter Flächen, d. h. 14—15 % der heutigen landwirtschaftlichen Nutzfläche für Freizeitwohnsitze, einschließlich der zugehörigen Infrastruktur in Anspruch genommen werden.

Darüber hinaus werden sich infrastrukturelle Planungsmaßnahmen, wie z. B. die Trassierung neuer oder der Ausbau bestehender Verkehrswege auf den Erholungsverkehr auswirken (71). So ist zu erwarten, daß neue Autobahnstrecken im Rheinland, wie die Linie Köln-Olpe oder Goch-Ludwigshafen die Stärke und Zielrichtung der Verkehrsströme beeinflussen und damit Besucher aus Herkunftsgebieten mit zur Zeit noch ungünstiger Verkehrsanbindung für bestimmte Zielgebiete erst mobilisieren.

Als Konsequenz dieser Entwicklungen muß im Rheinland mit einem steigenden Erholungsverkehrsaufkommen gerechnet werden.

Für das Jahr 1980 wird eine Urlaubsreiseintensität der Bevölkerung von 59 % bis 67 % prognostiziert (51). Dieser Zuwachs wird jedoch weniger die Großerholungsräume des Rheinlandes sondern in verstärktem Maße andere deutsche und ausländische Urlaubsgebiete zum Ziel haben. Der umfangreiche Tages- und Wochenendverkehr im Rheinland beeinträchtigt und verdrängt teilweise den hier ansässigen langfristigen Erholungsverkehr, ein Prozeß, wie er auch in anderen, in der Nähe von Verdichtungsräumen gelegenen Erholungsgebieten anzutreffen ist (41, 47). Eine Ausnahme hiervon bilden die im Nordrhein-Westfalen-Programm 75 (18) als Ferienerholungsbereiche klassifizierten Gebiete im Bergischen Land und in der Nordeifel.

Diese für das Rheinland in Bezug auf den langfristigen Urlaubsverkehr etwas ungünstige Prognose wird durch eine verstärkte Zunahme der sogenannten »Zweit- und Zwischenurlaube« sowie der 2- und 3tägigen Wochenendaufenthalte, in den rheinischen Großerholungsräumen mehr als ausgeglichen, so daß hier bis 1980 ein Anstieg der Fremdenübernachtungen um mindestens 50 % erwartet wird (6).

Einen beachtlichen Zuwachs wird der Tagesverkehr bringen. Im Naturpark Schwalm-Nette ist das Zielverkehrsaufkommen von 1965 bis 1971 um rd. 20 % angestiegen. Einem ständig weiter anwachsenden Besucherstrom sind allerdings in den Rheinischen Großerholungsräumen natürliche Belastungsgrenzen gesetzt. Die von DIVO (8) und Czinki (6) prognostizierte Zunahme des Wochenendverkehrs wird sich daher auch auf andere, insbesondere im Nahbereich der Verdichtungsräume gelegene Zielgebiete konzentrieren. So schätzt Czinki, daß etwa ein Drittel der künftigen Nachfrage nach Wochenenderholungsmöglichkeiten im Tageserholungsbereich der Städte über 100 000 Einwohner befriedigt werden muß.

Die regionale Erholungsplanung befindet sich im Rheinland erst im Anfangsstadium. Es fehlen vor allem gesicherte Aussagen über die Aufnahmefähigkeit der Erholungsräume, insbesondere ihre ökologische und erholungsbedingte Belastungsgrenze.

Auch über die ökonomischen Aspekte der Erholungsplanung, wie die erforderlichen Investitions- und Unterhaltungskosten im Verhältnis zu Rentabilität und sozialem Nutzen, gibt es noch keine befriedigenden Ergebnisse. Als vordringlichste Aufgabe gilt zur Zeit die Erarbeitung von übergeordneten, räumlich klar definierten Struktur- und Nutzungsmodellen als Entscheidungsgrundlage für alle infrastrukturellen Planungsmaßnahmen auf dem Freizeit- und Erholungssektor.

Anmerkungen

1) Die Raumplanung bevorzugt allgemein den Begriff Erholungsverkehr, um den mit dem Aufenthaltsmotiv der Erholung verbundenen Fremdenverkehr von den übrigen Fremdenverkehrsarten, z. B. Besuchs- und Geschäftsreiseverkehr zu unterscheiden. Bei einer Analyse des Fremdenverkehrs wird zwar eine exakte Trennung der verschiedenen Aufenthaltsmotive kaum gelingen, doch sollte bei Überwiegen des im weitesten Sinn der Freizeit und Erholung gewidmeten Reiseverkehrs in Erholungsgebieten auch der Begriff Erholungsverkehr verwandt werden. Hier sei, um den zahlreichen Versuchen zur Begriffsabgrenzung keinen weiteren hinzuzufügen, auf die bekannten Definitionen von Haubner (17), Czinki (12), Partzsch (45) und Ruppert/Maier (46) verwiesen.

2) Unter Freiraum sei hier im Sinn einer raumordnerischen Gebietskategorie der offene Landschaftsbereich einschließlich ländlicher Siedlungen, im Gegensatz etwa zum Ballungs- und Verdichtungsraum, verstanden.

3) Der Freizeit- und Erholungsverkehr am Ort oder mit Ziel auf Nachbarstädte bleibt hier weitgehend außer Betrachtung.

4) Die geschichtliche Darstellung erfolgt hier nur in einem kurzen Abriß; es sei auf die ausführlichen Angaben bei Asshauer (25) bzw. Böttcher (26) verwiesen.

5) Welche Größenordnung dieser Sportverkehr in der Bundesrepublik erreicht, zeigt die Gesamtbesucherzahl von rd. 25 Mio bei sämtlichen Fußballveranstaltungen während der Saison 1970/71.

6) In diesen Gebieten kann das statistische Fremdenverkehrsvolumen weitgehend mit dem Erholungsverkehrsaufkommen gleichgesetzt werden.

7) Die »Köln-Düsseldorfer« beförderte im Jahre 1970 auf ihren sämtlichen Linien insgesamt 2,8 Mio Fahrgäste.

8) Eine zusammengefaßte Darstellung der rheinischen Naturparke ist 1967 in der Zeitschrift Rheinische Heimatpflege erschienen (33).

9) Die sogenannte Dunkelziffer, d. h. die Zahl der nicht gemeldeten Beherbergungsfälle in Beherbergungsbetrieben wird auf 20–30% geschätzt.

10) Angabe des Deutschen Camping-Clubs

11) Nach diesem Verfahren wurde u. a. der Ausflugsverkehr im Rothaargebirge (37) erfaßt

12) Die Ergebnisse für das Untersuchungsgebiet Itter-/Neandertal beruhen teilweise auch auf der Verwendung von sekundärstatistischem Material

13) Z. B. in der Region München (38), im Großraum Hannover (39) oder im Harz (42)

14) Über weitere Einzelheiten vergl. die veröffentlichten Grundlagenuntersuchungen (19, 20, 21, 22, 23, 24)

15) Die Summe für ein ganzes Jahr kann wegen der unbekannten Gesamtzahl des jährlichen Tageserholungsverkehrsaufkommens nicht berechnet werden.

16) Real- und Richtwerte über die Flächenbelastung bzw. Tragfähigkeit von Erholungsgebieten nach einzelnen Nutzungsarten sind in der deutschen Literatur bislang nur sporadisch anzutreffen. Hier sei insbesondere auf die Veröffentlichungen von Czinki (6) und des Instituts für Sportstättenbau, Köln (48) hingewiesen. In einer Studie des Verfassers über das Freizeit- und Erholungsangebot im Freiraum ist eine Zusammenstellung verschiedener Planungsrichtwerte für einzelne Nutzungsarten enthalten (49).

Literaturverzeichnis

(1) LANDESPLANUNGSGEMEINSCHAFT RHEINLAND, Vorbericht zum Gebietsentwicklungsplan, Düsseldorf 1964

(2) PAFFEN, K. H., Die natürliche Landschaft und ihre räumliche Gliederung. Eine methodische Untersuchung am Beispiel der Mittel- und Niederrheinlande, Remagen 1953 = Forschungen zur Deutschen Landeskunde Bd. 68

(3) STARK, D., Urlaubsreisen 1968 in: Wirtschaft und Statistik, Wiesbaden 1970, Heft 11

(4) DIVO Institut, Urlaubsreisen der westdeutschen Bevölkerung, Frankfurt, 1966

(5) GENERALVERKEHRSPLAN NORDRHEIN-WESTFALEN, Individueller Straßenverkehr, Analyse des Erholungsverkehrs, 1967, zitiert bei Czinki. (6)

(6) CZINKI, L., (Bearb.), Voraussichtlicher Bedarf an Erholungsflächen und ihre Standorte in Nordrhein-Westfalen, Agrar- und Hydrotechnik GmbH. Essen 1969

(7) DODT, J., Fremdenverkehrslandschaften und Fremdenverkehrsorte im Rheinischen Schiefergebirge, in: Die Mittelrheinlande = Festschrift zum XXXVI. Deutschen Geographentag, Wiesbaden 1967

(8) DIVO Institut, Untersuchung über den Wochenenderholungsverkehr im Ballungsgebiet Nordrhein-Westfalen, Frankfurt 1968

(9) ALBRECHT, J. (Bearb.), Untersuchungen zum Wochenendverkehr der Hamburger Bevölkerung, Gutachten des Instituts für Verkehrswissenschaft der Universität Hamburg, 1967

(10) RUPPERT, K. und MAIER, J., Der Naherholungsraum einer Großstadtbevölkerung, dargestellt am Beispiel Münchens, in: Raumforschung und Landesplanung, München 1969, Heft 14

(11) RAUMORDNUNGSBERICHT DER BUNDESREGIERUNG 1968, Bundesminister des Innern, Bundestagsdrucksache V/3 G 58

(12) CZINKI, L., ZÜHLKE, W., Erholung und Regionalplanung, in: Raumforschung und Raumordnung, 24. Jg., 1966, Heft 4

(13) HOFFMANN, H., Tourismus der Deutschen 1968 – Jahrbuch für Fremdenverkehr, München, 16. Jg., 1968

(14) INFRATEST, Freizeit in Köln, Analyse, München 1969

(15) SCHULZ, A., Der Erholungsverkehr in Naturparken des Rheinlandes, in: Garten und Landschaft, München 1971, Heft 5

(16) LACKINGER, O., Der Ausflugsverkehr – ein wesentlicher Bestandteil des Fremdenverkehrs, in: Berichte zur Landesforschung und Landesplanung, Wien 1964, Heft 2

(17) HAUBNER, K., Fremdenverkehr und Erholungswesen, in: Handwörterbuch für Raumforschung und Raumordnung, Hannover 1965

(18) NORDRHEIN-WESTFALEN-PROGRAMM 1975, Landesregierung Nordrhein-Westfalen, Düsseldorf 1970

(19) SCHULZ, A., Der Erholungsverkehr im Naturpark Schwalm-Nette, Köln 1966 = Landschaftsverband Rheinland, Beiträge zur Landesentwicklung Nr. 3.1

(20) SCHULZ, A., Der Erholungsverkehr im Naturpark Nordeifel, Köln 1967 = Landschaftsverband Rheinland, Beiträge zur Landesentwicklung Nr. 5.1

(21) SCHULZ, A., Der Fremdenverkehr im Naturpark Siebengebirge, Köln 1969 = Landschaftsverband Rheinland, Beiträge zur Landesentwicklung Nr. 8.1

(22) SCHULZ, A., Der Erholungsverkehr im Naturpark Kottenforst-Ville, Köln 1969 = Landschaftsverband Rheinland, Beiträge zur Landesentwicklung Nr. 10.1

(23) SCHULZ, A., Der Erholungsverkehr im Bergischen Land, Köln 1969 = Landschaftsverband Rheinland, Beiträge zur Landesentwicklung Nr. 11.1

(24) SCHULZ, A., Der Erholungsverkehr in der Voreifel – Kreis Euskirchen-Süd, Köln 1971 = Landschaftsverband Rheinland, Beiträge zur Landesentwicklung Nr. 21

(25) ASSHAUER, R., Der rheinische Fremdenverkehr. Seine Grundlagen, Entwicklung, Hauptträger und seine wirtschaftliche Bedeutung, Düren 1934

(26) BÖTTCHER, H. G., Der Fremdenverkehr des Rheinlandes 1929 – 1949, Köln, Diss. 1951

(27) GEIGANT, F., Die Standorte des Fremdenverkehrs = Schriftenreihe des deutschen wirtschaftswissenschaftlichen Instituts für Fremdenverkehr, München, Heft 17, 1962

(28) CZINKI, L., Freizonenplanung im Ruhrgebiet, in Das Gartenamt, Jg. 1968, Nr. 2

(29) EHLERS, M., Landschaftsplanerisches Gutachten zur Kreisraumordnung Landkreis Düsseldorf-Mettmann, Mettmann 1965

(30) DAHMEN, F. W., KÜHNEL, W., Naturpark Schwalm-Nette, Landschafts- und Einrichtungsplan, Teil Erholung, Köln 1966 = Landschaftsverband Rheinland, Beiträge zur Landesentwicklung Nr. 3

(31) DAHMEN, F. W., Naturpark Nordeifel, Landschafts- und Einrichtungsplan, Entwurf Köln 1967 = Landschaftsverband Rheinland, Beiträge zur Landesentwicklung Nr. 5

(32) BÖDEKER, R., KREN, V., Erholungsgebiet Ittertal, Landschaftsrahmenplan für das Erholungsgebiet Ittertal, Köln 1970 = Landschaftsverband Rheinland, Referat Landschaftspflege, Arbeitsstudie, Heft 1

(33) RHEINISCHE HEIMATPFLEGE, Düsseldorf 1967, Heft 4

(34) GLÄSER, K. G., Der Fremdenverkehr in der Nordwesteifel und seine kulturgeographischen Auswirkungen, Diss. Aachen 1970 = Aachener Geographische Arbeiten, Heft 2

(35) VEREIN ZUR FÖRDERUNG DES HOTEL- UND GASTGEWERBES e. V., Strukturuntersuchung Nordeifel, Düsseldorf 1969

(36) RUPPERT, K., MAIER, J., Naherholungsraum und Naherholungsverkehr, ein sozial- und wirtschaftsgeographischer Literaturbericht zum Thema Wochenendtourismus, Studienkreis für Tourismus e. V., Starnberg 1969

(37) MRASS, W. (Bearb.) Naturpark Rothaargebirge, Landschaftsverband Westfalen-Lippe, Münster 1964

(38) BRENDEL, R., Das Münchener Naherholungsgebiet im Bereich des Ammersees und des Starnberger Sees, Diss. München 1967

(39) SCHUBERT, H., Analyse des Individualverkehrs im Großraum Hannover, Teil III, Hannover 1965

(40) KNEBEL, H. J., Soziologische Strukturwandlungen im modernen Tourismus, Stuttgart 1960

(41) SCHULZ, A., Der Erholungsverkehr im Naturpark Siebengebirge unter besonderer Berücksichtigung der Tagesbesucher, in: Berichte zur deutschen Landeskunde, 1967, Bd. 39

(42) GROEBER, K., Ergebnisse einer Ausflugszählung im Harz, Januar 1970, in: Neues Archiv für Niedersachsen, Jg. 1971, Heft 1

(43) HELFERICH, Verkehrswirtschaftliche Probleme des Erholungswesens, in Forschungs- und Landesplanung, Bd. XXV, Hannover 1963

(44) DAHMEN, F. W., Landschaftsplanung, eine notwendige Ergänzung der Landes-, Orts- und raumbezogenen Fachplanung Rheinland, Beiträge zur Landesentwicklung Nr. 23

(45) PARTZSCH, D., Fremdenverkehr und Raumordnung, Informationsbrief für Raumordnung Nr. 6.4.4, Bonn 1967

(46) RUPPERT, K., MAIER, J., Zur Geographie des Freizeitverhaltens, Beiträge zur Fremdenverkehrsgeographie, München 1970 = Münchener Studien zur Sozial- und Wirtschaftsgeographie, Bd. 6

(47) CHRISTALLER, W., Wandlungen des Fremdenverkehrs an der Bergstraße, im Odenwald und im Neckartal, in: Geographische Rundschau, Jg. 15, Nr. 5, 1963

(48) INSTITUT FÜR SPORTSTÄTTENBAU KÖLN, (Hrsg.), Freizeit- und Sportanlagen in Naherholungsgebieten, Köln 1967

(49) SCHULZ, A., Das Freizeit- und Erholungsangebot im Freiraum, Köln 1971 = Landschaftsverband Rheinland, Beiträge zur Landesentwicklung Nr. 24

(50) KROSS, E., Fremdenverkehrsgeographische Untersuchungen in der Lüneburger Heide, 1970 = Veröffentlichungen des Niedersächsischen Instituts für Landeskunde und Landesentwicklung Göttingen, Reihe A, Bd. 94

(51) MAIER, J., Methoden und Probleme von Fremdenverkehrsprognosen, München 1971, in: WGI-Berichte zur Regionalforschung, Heft 6

(52) LANDESREGIERUNG NORDRHEIN-WESTFALEN, Landesentwicklungsprogramm, Ministerialblatt Nordrhein-Westfalen, Düsseldorf 1964

(53) ISENBERG, G., Die Rheinische Stadtlandschaft, Struktur und Entwicklung, Düsseldorf 1967

(54) LEHMANN, E., Entwicklungsprobleme einer Stadtlandschaft, in Beiträge zur Rheinischen Landesplanung, Landesplanungsgemeinschaft Rheinland, Düsseldorf 1969

(55) STATISTISCHES LANDESAMT HAMBURG, Hamburg in Zahlen, 1971, Heft 1

(56) MÜLLER, W., Die Heilbäder und Kurorte aus der Sicht des niedersächsischen Landes-Raumordnungsprogramms, in Raumforschung und Raumordnung, 28. Jg. 1970, Heft 2

(57) RUPPERT, K., Naherholung in der urbanisierten Gesellschaft, München 1971, in WGI-Berichte zur Regionalforschung, Heft 6, (Zitat)

(58) BAUER, G., Naturpark Kottenforst-Ville, Landschafts- und Einrichtungsplan für den Erholungspark Ville im Naturpark Kottenforst-Ville. Teil: Landschaftsökologische Grundlagen. Köln 1970 = Landschaftsverband Rheinland, Referat Landschaftspflege, Arbeitsstudie Nr. 6

(59) EMNID-INSTITUT, Freizeit im Ruhrgebiet, Untersuchung über das Freizeitverhalten und die Freizeitbedürfnisse der Bevölkerung, Bielefeld und Essen 1971

(60) WEIMANN, D., Wald und Erholung, in: Der Forst- und Holzwirt 1969, Nr. 2

(61) STUDIENKREIS FÜR TOURISMUS (Hrsg.), Motive, Meinungen, Verhaltensweisen; einige Ergebnisse und Probleme der psychologischen Tourismusforschung, Starnberg 1969

(62) KIEMSTEDT, H., Zur Bewertung der Landschaft für die Erholung, Beiträge zur Landespflege, Sonderheft 1, Stuttgart 1967

(63) HELLPACH, W., Geopsyche, Stuttgart 1965

(64) Erholung, Seminarberichte des INSTITUTS FÜR STÄDTEBAU UND LANDESPLANUNG, Universität Karlsruhe, 1968

(65) SCHMITZ, G., Freiraumplanung in industriellen Ballungsgebieten, dargestellt am Beispiel Ruhrgebiet, in: Die Freiflächen in Landesplanung und Städtebau, Mitteilungen der Deutschen Akademie für Städtebau und Landesplanung, 12. Jg., 1968

(66) NEUES RHEINLAND Nr. 38, Düsseldorf 1964

(67) STOLTEN, K., Wohnung, Erholung und Fremdenverkehr im Rhein-Westerwald, Diss. Köln 1969

(68) SCHULZ, A., Der Erholungsverkehr in Naturparken – Methoden seiner Erfassung, in: Schriftenreihe für Landschaftspflege und Naturschutz, H. 5, Bonn 1971

(69) RUPPERT, K., MAIER, J., Der Zweitwohnsitz im Freizeitraum – raumrelevanter Teilaspekt einer Geographie des Freizeitverhaltens, in: Informationen des Instituts für Raumordnung, 21. Jg., Nr. 6, Bonn 1971

(70) SCHULZ, A., WESTPHAL, W., Die Freizeitwohnanlage Venekoten See im Naturpark Schwalm-Nette, Köln 1971 = Landschaftsverband Rheinland, Referat Landschaftspflege, Arbeitsstudie Nr. 23

(71) BECK, H., Probleme der Naherholung im Bereich des Ballungsgebietes von Nürnberg-Fürth, in: Raumforschung und Raumordnung, 29. Jg., 1971, H. 2

Die Erholungsgebiete der Eifel
mit 7 Karten

Inhaltsverzeichnis

37	1.	Aufgabenstellung und Methodik
37	2.	Abgrenzung des Untersuchungsraumes
38	3.	Analyse
38	3.1	Lagebezeichnung
38	3.2	Raumstruktur
39	3.3	Planungsziele
40	3.4	Erholungsangebot
42	3.5	Erholungsverkehr
44	4.	Gliederungsentwurf
45		Literaturverzeichnis

Verzeichnis der Karten im Anhang

54/55	Karte 1:	Fernstraßennetz 4- und 6-spurig, vorhanden und geplant, Stand 1970
56/57	Karte 2:	Naturräumliche Gliederung nach K. H. Paffen
58/59	Karte 3:	Landschaftsgliederung nach J. Birkenhauer
60/61	Karte 4:	Verwaltungs- und Planungsräume
62/63	Karte 5:	Naturparke und Erholungslandschaften
64/65	Karte 6:	Beherbergungskapazität 1968
66/67	Karte 7:	Erholungsgebiete der Eifel, Gliederungsentwurf

1. Aufgabenstellung und Methodik

In den letzten Jahren sind über die Eifel eine ganze Anzahl wissenschaftlicher Arbeiten vorgelegt worden, die dem Problemkreis »Erholung« einen mehr oder weniger großen Beitrag gewidmet haben [1]). Um den planerischen Bemühungen zur Erschließung und Förderung dieses Raumes als Erholungslandschaft zum Erfolg zu verhelfen, hat der Landschaftsverband Rheinland den Verfasser im Frühjahr 1969 beauftragt, unter Verwendung der in der Literatur verstreuten Materialien eine zusammenfassende Darstellung über die Struktur und Funktion des Erholungsraumes »Eifel« anzufertigen, mit dem Ziel, diesen Raum in regionale Erholungsgebiete zu gliedern.

Damit soll allen Verantwortlichen eine übersichtliche Grundlage an die Hand gegeben werden, die insbesondere eine räumlich differenzierte Bewertung dieses ausgedehnten und vielseitig strukturierten Erholungsraumes ermöglicht.

Aktueller Anlaß für die Auftragserteilung bildete das Vorhaben des Eifelvereins, den bereits in seiner 34. Auflage vorliegenden »Eifelführer« redaktionell neu zu gestalten.

Die Untersuchung wird versuchen, alle unter dem Aspekt »Erholung« als wesentlich erachteten Funktions- und Strukturmerkmale in ihrem räumlichen Bezug darzustellen. Dabei geht es weniger um eine detaillierte und lückenlose Vorführung aller erreichbaren Grundlagen, sondern um die Erfassung der wichtigsten, regional bedeutsamen Faktoren.

Außer den natürlichen Landschaftselementen spielt hier die sogenannte kulturräumliche Ausstattung eine wichtige Rolle. Beide Komplexe gewinnen wiederum erst durch ihre Lage und Erschließung einen bestimmten Erholungswert.

Dem Gliederungsentwurf am Schluß der Arbeit liegt eine Gesamtbewertung dieser unterschiedlichen Faktoren zugrunde. Hierbei sind durchaus subjektive Eindrücke mit eingeflossen.

Das Ergebnis sind sogenannte Funktionsräume, die sich nach der jeweiligen Dominanz der ausgewählten Faktoren bestimmen und die als Erholungsgebiete hauptsächlich durch ihre Eignung und Attraktionskraft charakterisiert sind. Auftragsgemäß bezieht sich die Bereichsgliederung auf den Gesamtraum, schließt also auch Teilgebiete ohne zur Zeit erkennbaren Erholungswert mit ein. Der Gliederungsentwurf entspricht damit nicht der Abgrenzung von Erholungs- oder Fremdenverkehrslandschaften, wie sie meist von der Geographie oder Fremdenverkehrswissenschaft aufgrund der Fremdenverkehrsdichte bzw. des Infrastrukturbesatzes oder nach sogenannten physiognomischen Merkmalen definiert werden [2]).

Die Untersuchung stützt sich auf sehr verschiedenartige Quellen wie Statistiken, Reiseführer, landschaftsökologische und sozioökonomische Analysen, Fremdenverkehrsstudien, Raumordnungsgutachten und Entwicklungspläne. Außerdem fanden die durch verschiedene Grundlagenuntersuchungen über mehrere Erholungsgebiete im Rheinland [3]) gesammelten Erfahrungen des Verfassers sowie spezielle empirische Studien im Untersuchungsgebiet Verwendung.

2. Abgrenzung des Untersuchungsraumes

Im allgemeinen Sprachgebrauch wird mit dem Begriff »Eifel« der Raum bezeichnet, der im Westen durch die Staatsgrenze, im Süden und Osten durch das Mosel- und Mittelrheintal und im Norden durch den Abfall des Rheinischen Schiefergebirges zur Niederrheinischen Bucht begrenzt wird. Im Mittelalter war diese Landschaftsbezeichnung nur auf den Bereich der Eifelkalkmulden beschränkt. Die einheitliche Zugehörigkeit zum preußischen Landes- bzw. deutschen Staatsgebiet sowie die im Laufe des 19. Jahrhunderts einsetzende Entwicklung des Fremdenverkehrs bewirkten eine räumliche Ausdehnung des Namens Eifel auf weite Bereiche des linksrheinischen Schiefergebirges. Durch Reiseführer, Prospekte und Übersichtskarten wurde der Name so attraktiv, daß ihn auch die Bewohner sogenannter Randlandschaften übernahmen. Diese Einbeziehung »fand auch im postalischen und bahnamtlichen Zusatz »Eifel« zu Orten im Bitburger Land und im Maifeld ihren Niederschlag« [4]).

Die wissenschaftliche Literatur, insbesondere die Geographie hat diese weitgehende Ausdehnung zum Teil nicht akzeptiert. So werden die vor allem geologisch und morphologisch andersartigen Landschaftseinheiten Bitburger Land, Wittlicher Senke, Maifeld, Pellenz und Venn allgemein nicht zum Naturraum der Eifel gerechnet.

Der Eifelverein, auf dessen Tätigkeit die räumliche Ausweitung der Landschaftsbezeichnung Eifel im wesentlichen zurückgeht, betreut etwa den Raum in der o. a. Abgrenzung, wie er auch in der Umgangssprache geläufig ist. Der von ihm herausgegebene Eifelführer geht sogar noch über diesen Bereich hinaus, indem auch die Talabschnitte von Mosel und Rhein (beide Uferseiten) sowie die bedeutenden Orte und Städte in der Niederrheinischen Bucht etwa bis zur Bundesbahnlinie Köln-Aachen mit erfaßt werden.

Die traditionelle Einbeziehung dieser Randgebiete im Eifelführer war Veranlassung, die Untersuchung weitgehend auf diesen größeren Gesamtraum zu erstrecken. In der folgenden Analyse wird jedoch zwischen dem Kernraum der Eifel und den Randgebieten unterschieden.

3. Analyse

3.1 Lagebeziehung

Die Eifel ist Bestandteil des von der nordwesteuropäischen Planungskonferenz [5]) als europäische Erholungsregion Ardennen-Eifel vorgeschlagenen größeren Landschaftsraumes, der bereits durch eine Organisation, das sogenannte Eifel-Ardennen-Komitee, betreut wird. Ihre heutige Funktion als bevorzugtes Erholungsgebiet verdankt die Eifel im wesentlichen der geographischen Lage im Einzugsbereich mehrerer Ballungsräume. Im Norden und Nordwesten grenzt sie unmittelbar an die Agglomeration Aachen-Maastricht-Lüttich mit 1,3 Mio Einwohner. Die Mittelrheinische Bucht stellt die Verbindung zur Rheinischen Stadtlandschaft (4,75 Mio Einwohner) her, die den südlichen Teil des größten deutschen Ballungsraumes Rhein-Ruhr (10,5 Mio Einwohner) bildet. Im Süden schließt sich die Agglomerationszone Saarbrücken-Lothringen mit über 1 Mio Einwohner an. Etwas weiter entfernt liegen die Verdichtungsräume Rhein-Main (2,6 Mio Einwohner) und Rhein-Neckar (1,3 Mio Einwohner). Darüber hinaus sind auch die kleineren Stadtregionen Koblenz und Trier von Bedeutung.

Das Freiflächendefizit dieser Verdichtungsräume, verbunden mit dem erweiterten Lebensstandard und der verlängerten Freizeit seiner Bewohner haben zu einem ständigen Ansteigen des Erholungsverkehrsaufkommens geführt. Dabei entwickelte sich die Eifel zum Zielgebiet sowohl langfristiger Urlaubsreisen als auch, bedingt durch die relativ geringe Entfernung, kurzfristiger Tages- und Wochenendreisen. Diese Situation wird aus der Tatsache deutlich, daß in einem Entfernungsradius von 100 km zum Untersuchungsraum rund 12 Mio Menschen leben. Von dieser zumeist städtischen Bevölkerung verbringt an wettergünstigen Wochenenden regelmäßig 25-35 % seine Freizeit in der außerstädtischen Umgebung, wobei der Aktionsradius allgemein zunimmt. Hier ist auch der wachsende Anteil zwei- bis dreitägiger Wochenendfahrten zu erwähnen [6]).

In diesem Zusammenhang spielt die Verkehrserschließung eine wesentliche Rolle. Die Eisenbahn hat heute in der Eifel als Erholungsverkehrsmittel kaum noch eine Bedeutung. Bereits rund 66 % der Urlaubsreisen und fast 90 % der Wochenendfahrten werden heute mit dem Kraftfahrzeug zurückgelegt [7]). Dadurch hat das klassifizierte Straßennetz für den Erholungsverkehr eine grundlegende Bedeutung erlangt, wobei ein gewisser Zusammenhang zwischen der Linienführung und dem Erholungsverkehrsaufkommen bestimmter Zielgebiete erkennbar ist.

So erklärt Dodt über einige Orte im Mittelmoseltal, daß sie »ohne ihre günstige Lage im Straßennetz, überwiegend am Schnittpunkt der Hauptverkehrsstraße der Talregion und einer Zufahrtsstraße zu den Fernverkehrslinien im Hunsrück und in der Eifel, wohl kaum einen derart umfangreichen Fremdenverkehr aufweisen dürften« [8]).

Besondere Bedeutung gilt hierbei den Hauptverkehrsstrecken, die eine sogenannte Zubringerfunktion ausüben. Die derzeitigen Straßenverbindungen zwischen der Eifel und den umliegenden Ballungsräumen sind nicht sehr günstig. Die bestehenden Bundesautobahnen, sieht man von dem bereits fertiggestellten Abschnitt der A 74 einmal ab, führen mit mehr oder weniger großem Abstand am Untersuchungsraum vorbei. Leistungsfähige Zubringerschnellstraßen fehlen. So kommt es an den Erholungsschwerpunkten sowie überall während der Spitzenstunden des Rückreiseverkehrs zu den bekannten Überlastungserscheinungen.

In wenigen Jahren wird sich die Verkehrssituation des Untersuchungsraumes aber entscheidend verbessert haben (vergl. Karte 1). Insbesondere die Autobahnstrecken Aachen- bzw. Köln-Daun (A 76), Koblenz-Trier (A 74) und Krefeld-Ludwigshafen (A 14) werden sowohl die Stärke als auch die Zielrichtung der Erholungsverkehrsströme wesentlich beeinflussen. Dabei ist zu erwarten, daß völlig neue Besucher aus Herkunftsgebieten mit zur Zeit noch ungünstiger Verkehrsverbindung für die Eifel mobilisiert werden.

Die jeweilige Lagebeziehung der Eifel zu den größeren Bevölkerungsagglomerationen nach Entfernung und Erreichbarkeit (vorhanden und geplant) bedeutet für die Gliederung des Untersuchungsraumes in regionale Erholungsgebiete ein wichtiges Kriterium.

3.2 Raumstruktur

Zahlreiche Analysen, die sich mit der Gesamtstruktur des Untersuchungsraumes befaßt haben [9]), erkennen der Eifel auf Grund ihrer landschaftlichen, wirtschaftlichen und verkehrlichen Voraussetzungen die dominierende Funktion der Erholung zu. Gerade weil dieses Gebirgsland lange Zeit quasi als eine von Verkehr, Wirtschaftsströmen und kulturellen Einflüssen umflossene Insel liegen blieb, konnte es sich seinen natürlichen Charakter bewahren. Dieser Faktor begründet heute seinen Erholungswert.

Unter den natürlichen Ausstattungsfaktoren sind vor allem die abwechslungsreiche Oberflächengestalt der Eifel sowie ihr Waldreichtum (rund $1/3$ des Untersuchungsraumes) hervorzuheben. Dagegen zeigt sich außer dem Flußnetz mit seinen landschaftlich meist sehr reizvollen Tälern und einigen Talsperren in der Nordeifel (überwiegend zur Trinkwasserversorgung), ein gewisser Mangel an größeren, für die Erholung geeigneten Gewässern. Ein besonders charakteristisches Merkmal der Eifellandschaft bilden die zahlreichen Vulkankuppen sowie die Eifelmaare.

Das räumliche Gefüge der verschiedenen natürlichen Landschaftselemente kommt in der sogenannten n a - t u r r ä u m l i c h e n   G l i e d e r u n g zum Ausdruck.

Hierbei handelt es sich um die topographische Abgrenzung von Landschaftsbereichen, die bezüglich der physischen Gesamtausstattung in ihrer Standortqualität weitgehend homogen sind.

Die für das Rheinland grundlegende Arbeit stammt von K. H. Paffen [10]. Seine Ergebnisse liegen dem Handbuch der naturräumlichen Gliederung Deutschlands [11] zugrunde. Paffen gliedert die Eifel (»Großlandschaft«) in 12 »Einzellandschaften«, die wiederum in zahlreiche »Kleinlandschaften« aufgeteilt sind. Als Zwischenkategorie unterhalb der Großlandschaftseinheit »Eifel« gebraucht er die Begriffe Westeifel, Mitteleifel-Senke und Osteifel. Zur Westeifel zählen die Einzellandschaften Hohes Venn, Rur-Eifel, westliche Hocheifel und Islek. Die Mitteleifel-Senke besteht aus Kyllburger Waldeifel, Kalkeifel und Mechernicher Voreifel. Die Osteifel gliedert sich in Nördliche Waldeifel (früher Münstereifeler Wald), Ahr-Eifel, Rhein-Eifel, Östliche Hocheifel und Mosel-Eifel. (Zur Abgrenzung vergleiche Karte 2).

Nicht zum Naturraum »Eifel« gehören demnach die Einzellandschaften Vennvorland, Mittelrheinisches Becken, Wittlicher Senke und Bitburger Gutland, Gebiete, die dagegen im allgemeinen Sprachgebrauch der Eifel zugerechnet werden (vergleiche Kapitel 2).

Eine sogenannte gesamtlandschaftliche Gliederung der Eifel unter Einbeziehung auch nicht physischer Raumfaktoren hat Birkenhauer durchgeführt [12] (siehe Karte 3). Er unterscheidet zwar ebenso wie Paffen 3 Hauptteile der Eifel, kommt jedoch bei ihrer Abgrenzung und Untergliederung in sogenannte Teillandschaften (Paffen: Einzellandschaften) zu abweichenden Ergebnissen und Bezeichnungen. Aus den Naturräumen Rur-Eifel und Hohes Venn werden Schleidener Land und Monschauer Land, wobei die nördliche Venn-Abdachung bereits nicht mehr zur Eifel gerechnet wird. Auch Teile der Mechernicher Voreifel sowie der nördlichen Rhein-Eifel (unteres Ahr-Tal, Unkelbacher und Drachenfelser Ländchen) sind nach Birkenhauer keine Eifellandschaften. Aus der östlichen Hocheifel gliedert er eine weitere Teillandschaft, die Dauner Hocheifel, aus. Aus Teilen des Islek und der Kyllburger Waldeifel (hier nur Kyll-Eifel genannt) entsteht die eigenständige Einheit Plütscheid-Burbacher Waldeifel.

Der Entwurf von Birkenhauer kann nur als eine Modifizierung der naturräumlichen Gliederung durch Hinzuziehung einiger weniger kulturgeographischer Faktoren betrachtet werden. Die konsequente Verwendung von Merkmalen wie Sprache, Siedlung oder Wirtschaft würde sicherlich eine andere Raumgliederung ergeben.

Auf eine Darstellung weiterer struktureller oder funktionaler Raumgliederungen (z. B. zentralörtliche Bereiche) kann hier verzichtet werden.

Eine nicht zu unterschätzende Bedeutung für den Erholungssektor besitzt jedoch die Zugehörigkeit zu Verwaltungs- und Planungsräumen. Von hier können z. B. starke Impulse, aber auch Behinderungen für die gebietliche Entwicklung des Fremdenverkehrs und Erholungswesens ausgehen.

Die Eifel wird durch eine Landesgrenze geteilt. Diese Tatsache erschwert oft eine koordinierte Raumplanung.

So zeigen die Leitbilder und Entwicklungspläne in den Ländern Nordrhein-Westfalen und Rheinland-Pfalz manche Unterschiede. Die Verwaltungsreform im rheinland-pfälzischen Teil der Eifel wird zügiger und zum Teil nach anderen Grundsätzen durchgeführt.

Die derzeitige Verwaltungsgliederung auf der Landkreisebene ist in Karte 4 dargestellt. Die folgenden Landkreise gehören ganz oder nur mit einem Gebietsanteil zum Untersuchungsraum:

Nordrhein-Westfalen	Rheinland-Pfalz
Aachen	Daun
Düren	Bitburg-Prüm
Euskirchen	Bernkastel-Wittlich
Rhein-Sieg	Trier-Saarburg
	Ahrweiler
	Neuwied
	Mayen-Koblenz
	Cochem-Zell

Während die Landkreise als Verwaltungseinheiten ein mehr statisches Element der Raumordnung darstellen, handelt es sich bei den sogenannten Planungsregionen um Strukturräume, die der fortschreitenden Entwicklung angepaßt sind. Mit dem Landesgesetz für Raumordnung und Landesplanung sowie dem sogenannten Regionengesetz hat das Land Rheinland-Pfalz insgesamt 9 Regionen gebildet, in denen sich die Regionalplanung vollziehen soll. Die Abgrenzung erfolgte nach dem Grundsatz, »das Gebiet eines großflächigen, weitgehend miteinander verflochtenen Lebens- und Wirtschaftsraumes [13] zusammenzufassen. Dabei wurden auch die Funktionsbereiche Erholung und Fremdenverkehr mit berücksichtigt. Der Untersuchungsraum gehört zu drei dieser Regionen, und zwar

Westeifel   Mosel-Saar   Mittelrhein

Drei kleinere Gebiete innerhalb des Untersuchungsraumes sind sogenannte Überlappungsgebiete, die wegen ihrer strukturellen Verflechtung gleichzeitig zwei benachbarten Regionen angehören. Die Abgrenzung der Regionen ist aus Karte 4 ersichtlich.

Der nordrhein-westfälische Teil der Eifel gehört zur Landesplanungsgemeinschaft Rheinland, die für ihren Bereich Gebietsentwicklungspläne nach räumlichen und sachlichen Teilabschnitten erarbeitet [14]. Die räumlichen Teilabschnitte (Plangebiete) lehnen sich an die bestehenden Verwaltungsgrenzen der Kreisebene an.

3.3 Planungsziele

Welche raumplanerischen Zielsetzungen in Bezug auf die Erholungsfunktion der Eifel liegen seitens der Landes- bzw. Regionalplanung vor? Bei regionaler

Differenzierung ergibt sich als vorherrschende Zweckbestimmung nicht die Erholung schlechthin, sondern meist in der Kombination mit anderen Hauptfunktionen wie Wasser-, Land- und Forstwirtschaft eine gewisse Abstufung. Das Landesentwicklungsprogramm von Rheinland-Pfalz [15] hebt drei besondere Kategorien von Erholungsräumen heraus:

Naturparke
Landschaften mit besonderem Erholungswert
Naherholungsgebiete

Ihre gebietliche Abgrenzung zeigt Karte 5. Die erste Kategorie betrifft den Naturpark Südeifel, der 1964 zum Deutsch-Luxemburgischen Naturpark erweitert wurde sowie die Schneeifel, die inzwischen (1971) zusammen mit dem Naturpark Nordeifel sowie von belgischer Seite mit den Gebieten Hohes Venn und Ourtal zum zweiten europäischen Naturpark zusammengeschlossen wurde.

Zu den »Landschaften mit besonderem Erholungswert« werden gerechnet:

> Gebietsteile im Bereich des Ahrtals
> Gebietsteile im Bereich des Rheintals
> Gebietsteile im Bereich des Moseltals
> Gebietsteile der Hocheifel
> Eifeler Maare
> Kondelwald

Für einige dieser Landschaften wird von anderer Seite im Gegensatz zur Landesregierung auch die Bildung von Naturparken vorgeschlagen [16].

Als Naherholungsgebiete werden für den Untersuchungsraum nur zwei kleinere Bereiche bei Trier und Koblenz ausgewiesen.

Diese im Landesentwicklungsprogramm enthaltene Kategorisierung bedeutet natürlich nicht, daß die übrigen Gebietsteile der Eifel zur Zeit oder in Zukunft keine Erholungsfunktion ausüben, doch wird hinsichtlich ihrer Eignung ein Maßstab gesetzt, an dem sich Investitionsprogramme und Förderungsmaßnahmen orientieren.

Als Grundsätze für die staatliche Förderung des Fremden- und Erholungsverkehrs in Rheinland-Pfalz gelten außer der räumlichen Begrenzung auf die genannten Gebietskategorien, gute Verkehrserschließung, hinreichende touristische Erschließung und angemessener Bekanntheitsgrad. Diese Konzentration der infrastrukturellen Förderungsmaßnahmen will vor allem an diejenigen Fremdenverkehrsorte anknüpfen, »die bereits in der Vergangenheit einen beachtlichen touristischen Ausstattungs- und Bekanntheitsgrad erlangt haben. Dies wird in denjenigen Landesteilen zutreffen, in denen die landschaftlichen Voraussetzungen gegeben sind. Dort bestehen erfahrungsgemäß weitaus bessere und schnellere Entwicklungsmöglichkeiten als in jenen Gemeinden, die sich erst neuerdings dem Fremdenverkehr zuwenden« [17].

Näher konkretisierte Entwicklungsziele in Bezug auf die Erhaltung und Ausgestaltung der Erholungslandschaften sowie den Ausbau der entsprechenden Infrastruktur enthalten für den rheinland-pfälzischen Teil der Eifel die regionalen Raumordnungspläne Westeifel, Mosel-Saar und Mittelrhein, ferner die Landschaftspläne Deutsch-Luxemburgischer Naturpark und Vulkaneifel sowie eine Vielzahl einzelner Planungsstudien [18].

In Nordrhein-Westfalen werden aufbauend auf den allgemeinen Planungsgrundsätzen und Leitlinien des Landesentwicklungsprogrammes und der Landesentwicklungspläne die Ziele der Landesplanung in den Gebietsentwicklungsplänen festgelegt. Hierzu hat die Landesplanungsgemeinschaft als Gesamtkonzeption für die künftige Entwicklung des Plangebietes Rheinland bereits im Jahre 1964 ihren Vorbericht zum Gebietsentwicklungsplan vorgelegt [19]. Danach wird für die Nordeifel, wozu fast das gesamte zu Nordrhein-Westfalen gehörige linksrheinische Schiefergebirge gezählt wird, als Entwicklungsziel neben der Forst- und Wasserwirtschaft die Grundfunktion der Erholung festgelegt. Die Landesplanungsgemeinschaft Rheinland schlägt hier eine Erweiterung des bestehenden und auszugestaltenden Naturparks Nordeifel bis in das Gebiet um Münstereifel vor. Für diesen Raum, auch unter dem Namen Voreifel bekannt, wird andererseits ein eigener Naturpark, eventuell zusammen mit Gebieten in Rheinland-Pfalz erwogen. Im Nordosten ragt der bestehende Naturpark Kottenforst-Ville in den Untersuchungsraum hinein, dessen isoliert gelegener Gebietsteil bei Rheinbach bereits zum Naturraum der Eifel gehört.

Ein von der Landesplanungsgemeinschaft als sachlicher Teilabschnitt des Gebietsentwicklungsplanes vorgesehener Freizonenplan, in dem sogenannte Erholungsbereiche als Haupt- bzw. Nebennutzung dargestellt werden sollen, wurde noch nicht veröffentlicht.

Dagegen liegt als räumlicher Teilabschnitt des Gebietsentwicklungsplanes der Entwurf für die räumliche Gestaltung des Planungsgebietes Nordeifel (ehemalige Kreise Schleiden und Monschau) vor.

Nach dem Nordrhein-Westfalen-Programm 1975 werden in Bad Münstereifel, Blankenheim, Hellenthal/Hollerath, Monschau, am Rursee und im Kylltal die Errichtung von Wochenend- und Ferienerholungsanlagen finanziell unterstützt. Weitere raumplanerische Zielsetzungen für den nordrhein-westfälischen Teil der Eifel sind in den Landschafts- und Einrichtungsplänen der Naturparke und Erholungsgebiete sowie in speziellen Förderungsprogrammen enthalten [20].

3.4 Erholungsangebot

Während das natürliche Landschaftspotential der Eifel, das als sogenanntes ursprüngliches Erholungsangebot gelten kann, bereits in den vorigen Kapiteln in Erscheinung trat, soll im folgenden das sogenannte abgeleitete Erholungsangebot [21], d. h. alle jene Anlagen und Einrichtungen, die in ihrer Zwecksetzung überwiegend auf den Erholungsverkehr ausgerichtet sind, betrachtet werden.

Hier ist an erster Stelle das Beherbergungsangebot

zu nennen. Nach der amtlichen Fremdenverkehrsstatistik zählte das Untersuchungsgebiet 1968

    insgesamt   2 144 Beherbergungsbetriebe
    mit   49 786 Betten.

In dieser Angabe sind Hotels, Gasthöfe, Fremdenheime, Pensionen, Hospize, Erholungs- und Ferienheime, Sanatorien, Kur- und Heilanstalten sowie Privatquartiere erfaßt, soweit sie in meldepflichtigen Gemeinden mit mindestens 3 000 Fremdenübernachtungen pro Jahr liegen. Die Fremdenverkehrsstatistik gliedert ihre Berichterstattung nach sogenannten Fremdenverkehrsgebieten. Danach ergibt sich folgende Einteilung:

Bundesland	Fremdenverkehrsgebiet	Beherbergungsbetriebe	Betten
NRW	(Nord-)Eifel	517	10 064
Rhl.-Pfalz	Eifel/Ahr	596	14 574
Rhl.-Pfalz	Mosel/Saar	671	16 697
Rhl.-Pfalz	Rheintal (Anteil)	360	8 451

Für das engere Gebiet der Eifel (ohne Mosel/Saar, Rheintal, sowie nördliche Randzone) ergeben sich:

    968 Beherbergungsbetriebe
    20 893 Betten.

Die räumliche Verteilung der Bettenkapazität nach Gemeinden zeigt Karte 6.

Deutlich hebt sich das Heilbad Neuenahr-Ahrweiler mit der absolut höchsten Bettenzahl heraus. Weitere Heilbäder bzw. heilklimatische Kurorte im Untersuchungsgebiet sind Aachen, Münstereifel, Sinzig-Bodendorf, Daun, Kyllburg, Manderscheid, Hönningen, Breisig, Vallendar-Tönnisstein und Bad Bertrich. Als Luftkurorte werden die Gemeinden Blankenheim, Gemünd, Nideggen, Irrel, Neuerburg, Nürburg und Traben-Trarbach geführt. Auf die genannten Heilbäder und Luftkurorte entfallen rund 35 % der Beherbergungskapazität des Untersuchungsraumes. Die Fremdenverkehrsstatistik von Rheinland-Pfalz kennt darüber hinaus noch den Begriff des Erholungsortes, mit dem Gemeinden mit einer mittleren Aufenthaltsdauer der Fremden im Sommerhalbjahr von mindestens 5 Tagen bezeichnet werden. Im Untersuchungsgebiet liegen insgesamt 40 solcher Erholungsorte.

Indem man das Bettenangebot zu der jeweiligen Einwohnerzahl der Berichtsgemeinde in Beziehung setzt, gewinnt man einen interessanten Meßwert, der die unterschiedliche Bedeutung des Beherbergungsgewerbes für eine Gemeinde widerspiegelt. Nach einer Berechnung von Dodt aus dem Jahre 1965 befinden sich im vorliegenden Untersuchungsraum insgesamt 23 Gemeinden mit einer Dichteziffer von mehr als 25 gewerblichen Fremdenbetten pro 100 Einwohner, die als Orte mit »sehr bedeutender Fremdenverkehrsausstattung« bezeichnet werden [22]). Zusammen mit den Gemeinden geringerer Fremdenbettendichte zeigt sich eine deutliche Schwerpunktbildung in vier Gebieten:

M o s e l t a l ,   A h r t a l ,   R u r e i f e l   u n d   V u l k a n e i f e l .

In der Regel wird in der amtlichen Fremdenverkehrsstatistik nur eine unvollständige Zahl von Privatquartieren angegeben. Das liegt einerseits an dem von der Statistik geforderten Kriterium der ständigen Verfügbarkeit, denn oft werden Privatzimmer nur in der Hochsaison bereitgestellt. Andererseits scheuen sich private Zimmervermieter oft vor einer Registrierung bzw. die Gemeindeverwaltung übersieht sie gutwillig.

In seiner Untersuchung über die Nordwesteifel gelangt Gläser [23]) zu einer Zahl von rund 1 500 Privatzimmerbetten gegenüber der in der amtlichen Fremdenverkehrsstatistik gemeldeten Zahl von 565. Im gesamten Untersuchungsraum dürfte zu dem offiziell registrierten Wert von 10 007 Privatzimmerbetten (in der o. a. Bettenzahl der Beherbergungsbetriebe enthalten) wenigstens rund 5 000 hinzugerechnet werden, die bei saisonbedingter Nachfrage kurzfristig zur Verfügung stehen.

In diesem Zusammenhang sei auch auf die in der Eifel steigende Bedeutung der mit dem Slogan »Ferien auf dem Bauernhof« propagierten Zimmervermietung landwirtschaftlicher Betriebe verwiesen.

Unter den sonstigen Beherbergungsarten spielen vor allem Jugendherbergen und Campingplätze eine wichtige Rolle. Das Untersuchungsgebiet zählt insgesamt 32 Jugendherbergen mit rund 4 600 Betten (vergleiche Abbildung 6). Bei den Campingplätzen wurden nur die vom Eifelverein erfaßten Anlagen, insgesamt 55, berücksichtigt. Tatsächlich liegt ihre Zahl jedoch weit höher, da hier insbesondere vereinsgebundene und dauervermietete Plätze fehlen. Im Untersuchungsgebiet befinden sich darüber hinaus 10 Kinderheime mit 578 Betten (amtliche Fremdenverkehrsstatistik). Über die Anzahl der Jugend- und Schullandheime liegt nur eine Angabe aus dem Naturpark Nordeifel, insgesamt 12 Heime mit ca. 750 Betten, vor [24]). Weitgehend unbekannt ist die große Zahl der Wochenend- bzw. Ferienhäuser und -wohnungen.

Für den Tageserholungsverkehr besitzen vor allem die zahlreichen Gaststättenbetriebe im Untersuchungsgebiet große Bedeutung; ihre Auswahl reicht vom repräsentativen Restaurant, über das Aussichtscafé bis zur Eisdiele oder Imbißstube. Allein im Naturpark Nordeifel besitzen diese Restaurationsbetriebe eine Sitzplatzkapazität für ca. 45 000 Personen [25]).

Eine große Anziehungskraft besitzen die Freibäder im Untersuchungsraum. Im engeren Gebiet der Eifel (ohne Randzonen) sind es insgesamt 42. Weitere Anziehungspunkte bilden Spiel- und Sportanlagen wie Minigolfplätze, Reit- und Bootsbetriebe. Einrichtungen für den Wintersport befinden sich im Gebiet um Hellenthal, Hollerath und Udenbreth sowie Hohe Acht und Schwarzer Mann.

Besonders hervorgehoben seien auch bekannte Sportveranstaltungen wie die Autorennen am Nürburgring oder die Motorbootregatten in Traben-Trarbach, die Wein- und Winzerfeste an Mosel, Rhein und Ahr sowie besondere Heimatfeste, wie zum Beispiel das Eifeler Musikfest im Kloster Steinfeld.

Für die naturnahe Erholung stehen mehrere Wildgehege, unter ihnen die bekannten sogenannten Hochwildschutzparke »Rheinland« bei Kommern sowie »Eifel bei Gondorf«, einige Waldlehrpfade sowie ein mehrere tausend Kilometer umfassendes Wanderwegenetz zur Verfügung. In diesem Zusammenhang kommt dem durch über 30 000 Mitglieder getragenen Eifelverein große Bedeutung zu, auf dessen Initiative im wesentlichen die Bezeichnung von rund 2 500 km Hauptwanderstrecken sowie mehr als 200 Parkplätze mit Rundwanderwegen zurückgeht. Im Bereich des Rheintals genießen die Rheinhöhenwege, im Bereich des Moseltals die Moselhöhenwege und die im Ausbau befindlichen Moseluferwanderwege große Anziehungskraft.

Das vielfältige Erholungsangebot des Untersuchungsraumes kann hier nur in einem kurzen Querschnitt dargestellt werden. Die gegenwärtige Angebotsstruktur erfährt in den nächsten Jahren auf der Basis zahlreicher öffentlicher und privater Initiativen durch verschiedene Planungsmaßnahmen eine beträchtliche Erweiterung.

3.5 Erholungsverkehr

Dem vielfältigen Erholungs- und Fremdenverkehrsangebot des Untersuchungsraumes läßt sich ein nach Art und Umfang unterschiedliches Besucheraufkommen zuordnen, wobei eine räumliche Schwerpunktverteilung erkennbar wird.

Die Landesplanung in Rheinland-Pfalz gliedert den gesamten Fremdenverkehr ihres Landes in drei Arten:

»Der Fremdenverkehr mit längerfristigen Erholungsaufenthalten in den Bade- und Kurorten sowie in den waldreichen Höhengebieten;

der von kurzfristigen Aufenthalten geprägte Ausflugs- und Wochenendverkehr in den landschaftlich besonders reizvollen Flußtälern und den für Rheinland-Pfalz charakteristischen Weinbaugebieten;

der Geschäfts- und Durchgangsreiseverkehr in den Städten sowie in den industriell und gewerbewirtschaftlich ausgerichteten Landesteilen« [26]).

Eine solche Gliederung läßt sich auf das Untersuchungsgebiet unter Einbeziehung des nordrheinwestfälischen Teiles anwenden. Die beiden ersten Fremdenverkehrsarten, die für diese Untersuchung wesentlich sind, werden hier unter dem Begriff »Erholungsverkehr« [27]) zusammengefaßt.

Zur Erfassung des mit einer Übernachtung verbundenen Erholungsverkehrs lassen sich die Statistiken des Beherbergungsgewerbes verwenden. Mit ihrer Hilfe gelingt zwar keine lückenlose Bestandsaufnahme, doch liefern sie trotz der bekannten Mängel ein regelmäßiges und insbesondere vergleichbares Datenmaterial. Der Aussagewert richtet sich im einzelnen nach der Beherbergungsart.

Bei den in Beherbergungsbetrieben registrierten Fremdenmeldungen und -übernachtungen nach der amtlichen Fremdenverkehrsstatistik ist auch der sogenannte Berufs- und Geschäftsreiseverkehr mit eingeschlossen. Sein Anteil ist lediglich in den Randzonen des Untersuchungsraumes bedeutend (z. B. Aachen, Düren, Koblenz, Trier). Im engeren Gebiet der Eifel dürfte dieser Anteil durch die allgemein angenommene Dunkelziffer, d. h. die Zahl der meist aus steuerlichen Gründen überhaupt nicht gemeldeten Beherbergungsfälle (etwa 20—30 %) mehr als ausgeglichen sein.

Das gesamte Untersuchungsgebiet zählte im Berichtsjahr 1968 *)

rd. 1,54 Mio Fremdenmeldungen
rd. 5,50 Mio Fremdenübernachtungen.

*) Winterhalbjahr 1967/68 und Sommerhalbjahr 1968

Die Verteilung auf die vier statistischen Fremdenverkehrsgebiete zeigt folgendes Bild:

Bundesland	Fremdenverkehrsgebiet	Fremdenmeldungen	Fremdenübernachtungen
NRW	(Nord-)Eifel	328 715	1 216 249
Rhl.-Pfalz	Eifel/Ahr	326 395	1 773 221
Rhl.-Pfalz	Mosel/Saar	524 739	1 621 290
Rhl.-Pfalz	Rheintal (insgesamt)	357 993	879 780

Rund 18 % aller Fremdenübernachtungen entfallen auf Auslandsgäste. Unter den Herkunftsländern stehen die Niederlande an der Spitze, gefolgt von Belgien und Großbritannien.

Für das engere Gebiet der Eifel (ohne Mosel/Saar, Rheintal sowie nördliche Randzone) ergeben sich:

426 857 Fremdenmeldungen
und 2 396 910 Fremdenübernachtungen.

Unter den einzelnen Berichtsgemeinden steht wiederum das Heilbad Neuenahr-Ahrweiler mit fast 800 000 Fremdenübernachtungen an der Spitze. Im engeren Gebiet der Eifel folgen sodann:

	Fremdenübernachtungen 1968
Münstereifel	146 137
Manderscheid	133 060
Daun	125 682
Gemünd	74 191
Altenahr	72 339
Sinzig-Bodendorf	54 515
Heimbach	51 691
Rurberg	51 405
Gerolstein	46 186
Bollendorf	42 333

Diese Werte sind relativ bescheiden, vergleicht man sie mit den Übernachtungszahlen in den Randzonen des Untersuchungsgebietes. Hier erreichen außer den drei Großstädten Aachen, Koblenz und Trier noch sieben weitere Berichtsgemeinden jeweils mehr als 100 000 Fremdenübernachtungen im Jahr.

Durch Relation zur Einwohnerzahl des Fremdenortes erhält man parallel zur Fremdenbettendichte die sogenannte Fremdenverkehrsintensität. Dodt [28]) bezeichnet Gemeinden mit 11 und mehr

Fremdenübernachtungen je Ortseinwohner und Maximumhalbjahr als »Fremdenverkehrsorte« sowie Gemeinden mit einer Dichteziffer zwischen 1 und 11 als »Orte mit Fremdenverkehr«. »Räume, die das Vorherrschen eng beieinanderliegender Fremdenverkehrsorte kennzeichnet, verdienen — entsprechend der aufgestellten Skala — die Benennung ‚Fremdenverkehrslandschaft', während mehr oder minder geschlossen zusammenhängende Verbreitungsgebiete der ‚Orte mit Fremdenverkehr' als ‚Landschaft mit Fremdenverkehr' zu bezeichnen sind.«[29]) Entsprechend dieser Meßwerte bezeichnet Dodt das Mittelrhein- und Ahrtal als »bänderförmige Fremdenverkehrslandschaften«, das Moseltal in seiner gesamten Länge jedoch nur als »Landschaft mit Fremdenverkehr«. In den Höhengebieten des Schiefergebirges sind nach seiner Auffassung nur die Vulkaneifel sowie der nördliche Abschnitt der Rureifel als »Fremdenverkehrslandschaft« einzustufen; der südliche Teil der Rureifel tendiere zur »Landschaft mit Fremdenverkehr«. Die übrigen Teile der Eifel seien als »Landschaften ohne Fremdenverkehr« anzusprechen. Obwohl Dodt für seine Einordnung zum Teil auch den Tages- und Ausflugsverkehr als modifizierenden Bestimmungsfaktor mitverwandt haben will, erscheint seine im Grund auf statistisch lückenhafte Fakten bezogene Kategorisierung ziemlich anfechtbar. Denn das Außerachtlassen sonstiger Beherbergungsarten (z. B. Campingplätze und Jugendherbergen) sowie die völlige Unterbewertung des nichtübernachtenden Erholungsverkehrs ergibt ein falsches Strukturbild.

Eine beachtliche Übernachtungsfrequenz haben die Campingplätze des Untersuchungsgebietes aufzuweisen. Die von der amtlichen Fremdenverkehrsstatistik erfaßten Anlagen verzeichneten 1968 folgende Werte:

Bundesland	Fremdenverkehrsgebiet	Fremdenübernachtungen
Rhl.-Pfalz	Eifel/Ahr	191 509
Rhl.-Pfalz	Mosel/Saar	178 033
Rhl.-Pfalz	Rheintal	241 632
NRW	Naturpark Nordeifel (1966)	113 411
		724 585

Leider sind diese statistischen Angaben sehr unvollständig, da vor allem die sogenannten Daueranlagen (ganzjährig vermietete Plätze) fehlen. So gelangt Gläser[30]) für 54 von ihm untersuchte Campingplätze und Wohnwagenkolonien« im Bereich der Nordwesteifel zu einer Gesamtzahl von rund 930 000 Fremdenübernachtungen (1967). In seinen Untersuchungsorten liegen die Übernachtungen auf den Campingplätzen mit Ausnahme von Monschau, um ein vielfaches höher als im Beherbergungsgewerbe. Diese Situation ist sicherlich auch im Bereich des Ahrtales anzutreffen. Mit zunehmender Entfernung von den Ballungszentren nimmt jedoch die Zahl von dauervermieteten Campingplätzen, die in ihrer Funktion etwa den Wochenendhäusern und -wohnungen entsprechen, ab. Über die Frequentierung der als Zweitwohnsitze genutzten Gebäude existieren überhaupt keine Angaben. Nicht einmal ihre genaue Anzahl ist bekannt.

Dagegen sind über die Jugendherbergen im Untersuchungsgebiet umfassende Statistiken erhältlich. Im Jahre 1968 verzeichneten sämtliche Herbergen rund 750 000 Fremdenübernachtungen. Die in der Randzone gelegenen (u. a. Aachen, Koblenz, Trier) liegen hier natürlich an der Spitze. Die Jugendherbergen des engeren Eifelgebietes zählten je nach Größe und Lage zwischen 10 000 und 25 000 Fremdenübernachtungen im Jahr.

Eine Addition der zur Zeit auf die verschiedenen Beherbergungsarten entfallenden Fremdenübernachtungen, soweit sie oben erfaßt werden konnten, ergibt für den Untersuchungsraum die jährliche Summe von rund 8,5 Mio. Davon entfallen rund 4,5 Mio auf das engere Gebiet der Eifel.

Diese relativ hohe Zahl an Fremdübernachtungen darf jedoch nicht darüber hinwegtäuschen, daß im Untersuchungsgebiet der überwiegende Teil des Erholungsverkehrs auf sogenannte Tagesgäste entfällt, d. h. Besucher, die sich nur während eines Tages, oft nur wenige Stunden in diesem Raum aufhalten. Eine vollständige und fortlaufende Erfassung, wie es für die Übernachtungsgäste zum Teil mit Hilfe der Beherbergungsstatistik möglich ist, entfällt von vornherein. Beim Tageserholungsverkehr ist man allein auf die Stichprobenerhebungen und die Verwendung sekundärstatistischen Materials angewiesen.

Für bestimmte Besucherströme an den Erholungsschwerpunkten gelingt eine Quantifizierung über Besucherstatistiken, insbesondere wenn sie mit Gebühren oder Eintrittsgeldern verbunden sind. So zählen die Freibäder im Bereich des Naturparks Nordeifel im Durchschnitt 300 000 Badegäste im Jahr, darunter an Spitzentagen bis zu 25 000; von ihnen entfallen zwischen 60 % und 80 % auf auswärtige Tagesbesucher[31]). Die römischen Bauten in Trier verzeichnen nach der Besucherstatistik des Landskonservators über 250 000 Besucher im Jahr[32]). Die Burg Cochem hat im Durchschnitt eine jährliche Besucherzahl von 50 000[33]). Rund 300 000 Fahrgäste beförderte im Jahre 1967 die aus 7 Motorschiffen bestehende Flotte auf dem Rurstausee, darunter an Spitzentagen über 5 000[34]). Personen- und Fahrzeugzählungen in Heimbach ergaben an wettergünstigen Sonntagen des Jahres 1967 rund 5 000 auswärtige Tagesbesucher[35]).

Diese Reihe statistischer Einzelwerte ließe sich noch beliebig fortsetzen. Es sei lediglich noch auf die große Anziehungskraft des Nürburgringes verwiesen, der an bestimmten Renntagen von mehr als 300 000 Menschen aufgesucht wird.

Zur Erfassung des Tageserholungsverkehrs in größeren Erholungsgebieten wird in jüngster Zeit häufiger die Methode der Verkehrszählung angewandt[36]).

Für den Untersuchungsraum liegen die Ergebnisse

von vier Verkehrszählungen aus dem Bereich des Naturparks Nordeifel vor [37]). An 3 Sonntagen und 1 Samstag im Jahre 1967 wurde in dem Zeitraum zwischen 15.00 und 20.00 Uhr auf den wichtigsten Ausfallstraßen (19) dieses Naturparks der gesamte rückfließende Verkehr gezählt. Als Ergebnis dieser Verkehrserhebung ließen sich zwischen 70 000 und 90 000 Tagesbesucher ermitteln. Eine im Jahre 1970 für das Gebiet der Voreifel (Kreis Euskirchen-Süd) durchgeführte Verkehrsuntersuchung ermittelte zwischen 11 000 und 17 000 Tagesbesucher [38]). Diese Summe überstieg die jeweilige Zahl der Übernachtungsgäste um das 5- bis 6fache. An bestimmten Schwerpunkten mit hoher Tagesbesucherdichte liegt dieser Verhältniswert noch höher. So wurde für das mittlere Ahrtal bereits vor dem 2. Weltkrieg mit einem 12fach höheren Tages- als Übernachtungsverkehr gerechnet [39]). Die Landesplanung Rheinland-Pfalz rechnete 1958 im gesamten Landesdurchschnitt mit einem Verhältnis von 1:10 [40]). Diese Relation dürfte auch gegenwärtig noch zutreffen, da parallel zu dem angestiegenen Tagesverkehr auch eine rapide Zunahme des Übernachtungsverkehrs, u. a. durch den Anstieg von mehrtägigen Wochenendfahrten, insbesondere in Verbindung mit dem Camping, zu verzeichnen ist.

Legt man dieses Verhältnis für den gesamten Untersuchungsraum zugrunde, läßt sich, bezogen auf wettergünstige Sonn- und Feiertage, eine Mindestzahl von 500 000 Tagesbesuchern errechnen. Auf das engere Gebiet der Eifel entfallen davon wenigstens 300 000 Menschen. An einzelnen Spitzentagen dürfte hier diese Zahl bis auf 500 000 Tagesbesucher ansteigen.

Dieser auf hypothetischem Weg ermittelte Wert ist mit einem gewissen Vorbehalt zu betrachten. Er vermag jedoch in etwa die Größenordnung des hier auftretenden Tageserholungsverkehrs aufzuzeigen.

In seiner räumlichen Verteilung zeigt der Tages- und Wochenendverkehr eine stärkere Konzentrierung auf den nördlichen und östlichen Teil des Untersuchungsraumes, nicht zuletzt wegen der in 3. 1 dargestellten Raumbeziehungen. Im Bereich des Moseltals tritt er vor allem an der Untermosel sowie nördlichen Mittelmosel auf. Dabei spielen kontrastreiche Landschaften und touristische Sehenswürdigkeiten eine wichtige Rolle. Sie können die Attraktionskraft eines ganzen Raumes bestimmen. Darüber, welche motivische Attraktionskraft einzelne Erholungsgebiete bei der Bevölkerung in den umliegenden Ballungsräumen besitzen, liegen bisher kaum Ergebnisse vor. Die Untersuchung von DIVO [41]) ermittelte im Wochenenderholungsverkehr eine Präferenz der Kölner Bevölkerung für das Zielgebiet »Eifel, Mosel, Hunsrück« (bei 18 % der Befragten) vor dem Bereich »Bergisches-Oberbergisches Land« (16 %).

Unter den verschiedenen Erscheinungsformen des kurzfristigen Erholungsverkehrs seien die sogenannten Spazier- oder Autorundfahrten hervorgehoben, die im Untersuchungsgebiet besonders stark auftreten. So wird von den motorisierten Ausflüglern zumeist die Rheintalstrecke nur jeweils für die Hin- und Rückreise benutzt, während die andere Fahrtroute durch die Eifel gewählt wird.

Schließlich sei noch auf ein besonderes Problem, die Überlagerung und Verdrängung des Urlaubs- und Kurverkehrs in den traditionellen Erholungs- und Badeorten durch den kurzfristigen Ausflugs- und Wochenendverkehr, verwiesen. Gemeinden, wie Neuenahr-Ahrweiler, Münstereifel oder Heimbach wenden zur Zeit große Anstrengungen auf, um die durch diese Situation entstandenen Nachteile zu überwinden. Hierbei handelt es sich um ein Problem, daß auch in anderen, in der Nähe von Verdichtungsräumen gelegenen Erholungsgebieten auftritt [42]).

4. Gliederungsentwurf

Mit Hilfe der in der Analyse verzeichneten Faktoren wird der Versuch unternommen, den Untersuchungsraum in mehrere regionale Erholungsgebiete zu gliedern. Die methodische Grundlage wurde in Kapitel 1 dargestellt, wobei, wie bereits ausgeführt, eine zusammenfassende Betrachtung dieser unterschiedlichen Faktoren insbesondere hinsichtlich ihrer differenzierten Bewertung etwas problematisch erscheint und eine gewisse Subjektivität beinhaltet.

Die Gebietsgliederung erfolgt durch Grenzlinien, die als Abstraktion eines in Wirklichkeit breiteren Grenzsaumes zu verstehen sind. Durch Detailuntersuchungen sind kleinere Änderungen möglich. Die Abgrenzung ist aus Karte 7 ersichtlich. Auf eine Überschreitung der Staatsgrenze nach Belgien bzw. Luxemburg wurde bewußt verzichtet. Die Erholungsgebiete tragen die Bezeichnung:

>Nordeifel
>Westeifel
>Südeifel
>Ahreifel – Hohe Acht
>Vulkaneifel
>Rheineifel
>Moseleifel
>Rheintal
>Moseltal

Anmerkungen

1) z. B. Birkenhauer, J., Die Eifel in ihrer Individualität und Gliederung, Kölner Geogr. Arbeiten, H. 14, Köln 1960; Institut für Raumforschung (Hersg.), Die wirtschaftliche Entwicklung in den Fördergebieten des Bundes, Bd. 1: Eifel, Bad Godesberg 1963; siehe auch die Literaturangaben im weiteren Text.
2) Vergl. Poser, H., Geographische Studien über den Fremdenverkehr im Riesengebirge, Abh. d. Ges. d. Wiss. zu Göttingen, mathem. physik. Kl., 3. Folge, H. 20, 1939, S. 11 ff. Geigant, F., Die Standorte des Fremdenverkehrs, in Schriftenreihe d. dt. wirtschaftswiss. Inst. f. Fremdenverkehr an der Universität München, 1962, H. 17
Ruppert, K. und Maier, J., Zum Standort der Fremdenverkehrsgeographie – Versuch eines Konzepts, in zur Geographie des Freizeitverhaltens = Münchener Studien zur Sozial- und Wirtschaftsgeographie, Bd. 6, München 1970
3) Der Erholungsverkehr im Naturpark Nordeifel, Köln 1967 = Landschaftsverband Rheinland, Beiträge zur Landesentwicklung Nr. 5.1
Der Fremdenverkehr im Naturpark Siebengebirge, Köln 1969 = Landschaftsverband Rheinland, Beiträge zur Landesentwicklung Nr. 8.1
Der Erholungsverkehr im Naturpark Kottenforst-Ville, Köln 1969 = Landschaftsverband Rheinland, Beiträge zur Landesentwicklung Nr. 10.1
Der Erholungsverkehr im Bergischen Land, Köln 1970 = Landschaftsverband Rheinland, Beiträge zur Landesentwicklung Nr. 11.1
Der Erholungsverkehr in der Voreifel – Kreis Euskirchen-Süd –, Köln 1971 = Landschaftsverband Rheinland, Beiträge zur Landesentwicklung Nr. 21
4) Birkenhauer, J., a. a. O., S. 7
5) Vergl. Scholz, H., Planungsprobleme der Westeifel, in Informationen, 17. Jg., Nr. 10, 1967, S. 353
6) Vergl. Ruppert, K. und Maier, J. Der Naherholungsverkehr einer Großstadtbevölkerung, dargestellt am Beispiel Münchens, in: Informationen 1969, H. 2
7) Siehe Hoffmann, H., Über die Imageforschung bei den Verkehrsmitteln, Studienkreis für Tourismus e. V., Starnberg 1969; DIVO, Untersuchung über den Wochenenderholungsverkehr im Ballungsgebiet Nordrhein-Westfalen, Frankfurt 1968
8) Dodt, J., Der Fremdenverkehr im Moseltal zwischen Trier und Koblenz, Bad Godesberg 1967 = Forschungen zur deutschen Landeskunde, Bd. 162, S. 75
9) u. a. Institut für Raumforschung, Die Wirtschaftliche Entwicklung in den Fördergebieten des Bundes, Bd. 1 Eifel, a. a. O.; Institut für Entwicklungsplanung (ife), Regionaler Raumordnungsplan Mosel-Saar. Essen 1968
Gesellschaft für regionale Strukturentwicklung e. V., Regionaler Raumordnungsplan Mittelrhein, Bonn 1968
Scholz, H., Regionaler Raumordnungsplan Westeifel, Osnabrück 1968;
Landesentwicklungsprogramm Rheinland-Pfalz, Staatskanzlei Rheinl.-Pfalz, Mainz 1968;
Landesplanungsgemeinschaft Rheinland, Gebietsentwicklungsplan Teilabschnitt Nordeifel, Düsseldorf 1971
10) Paffen, K. H., Die natürliche Landschaft und ihre räumliche Gliederung. Eine methodische Untersuchung am Beispiel der Mittel- und Niederrheinlande. Remagen 1953 = Forschung zur Deutschen Landeskunde, Bd. 68
11) Meynen, E., Schmithüsen, J. u. andere (Hrsg.), Handbuch der naturräumlichen Gliederung Deutschlands, Bad Godesberg 1953–1962
12) Birkenhauer, J., Die Eifel in ihrer Individualität und Gliederung a. a. O.
13) § 14 Abs. 1 LPIG Rheinland-Pfalz vom 14. 6. 1966
14) § 16 LPIG Nordrhein-Westfalen vom 7. 5. 1962
15) a. a. O., S. 147 ff., S. 205 ff.
16) siehe Scholz, H., Planungsprobleme der Westeifel, a. a. O.
17) Entwicklungsprogramm für den Fremdenverkehr Rheinland-Pfalz, Min. für Wirtschaft und Verkehr, Mainz 1971
18) vergl. hierzu die Angaben im Literaturverzeichnis
19) Vorbericht zum Gebietsentwicklungsplan, Landesplanungsgemeinschaft Rheinland. Düsseldorf 1964
20) Vergl. Angaben im Literaturverzeichnis
21) nach Geigant, F., Die Standorte des Fremdenverkehrs a. a. O.
22) Dodt, J., Fremdenverkehrslandschaften und Fremdenverkehrsorte im Rheinischen Schiefergebirge. In: Die Mittelrheinlande. Festschrift zum XXXVI. Deutschen Geographentag in Bad Godesberg, S. 92–119, Wiesbaden 1967
23) Gläser, K., Der Fremdenverkehr in der Nordwesteifel und seine kulturgeographischen Auswirkungen, Diss. TH Aachen, 1969, S. 54
24) Schulz, A., Der Erholungsverkehr im Naturpark Nordeifel, a. a. O., S. 16/17
25) Dahmen, F. W., Landschafts- und Einrichtungsplan zum Naturpark Nordeifel, Köln 1967 = Beiträge zur Landesentwicklung Nr. 5, S. 68
26) Landesentwicklungsprogramm Rheinland-Pfalz, a. a. O. S. 61
27) dies entspricht auch dem Begriff »Erholungsgebiet bzw. -raum«. Bei einer Analyse des Fremdenverkehrs wird zwar eine exakte Trennung der verschiedenen Aufenthaltsmotive kaum gelingen, doch sollte bei Überwiegen des im weitesten Sinn der Freizeit und Erholung gewidmeten Reiseverkehrs besser der Terminus »Erholungsverkehr« verwandt werden. Vergleiche insbesondere: Haubner, K., Fremdenverkehr und Erholungswesen, in: Handwörterbuch für Raumforschung und Raumordnung, Hannover 1965
Czinki, L. und Zühlke, W., Erholung und Regionalplanung in: Raumforschung und Raumordnung, 24. Jg, 1966, H. 4
28) Dodt, J., a. a. O. S. 95
29) dito S. 96
30) Gläser, K., a. a. O. S. 63
31) Schulz, A., Der Erholungsverkehr im Naturpark Nordeifel, a. a. O., S. 19
32) Landesplanung Rheinland-Pfalz (Hrsg.), Rheinland-Pfalz, Der Fremdenverkehr, Betrachtungen über Zustand und Möglichkeiten, Mainz 1958
33) Dodt, J., a. a. O., S. 63
34) Schulz, A., Der Erholungsverkehr im Naturpark Nordeifel, a. a. O., S. 19
35) dito, S. 32
36) Vergl. insbesondere: Ruppert, K., Maier, J., Naherholungsraum und Naherholungsverkehr. Ein sozial- und wirtschaftsgeographischer Literaturbericht zum Thema Wochenendtourismus, Starnberg 1969
Lackinger, O., Der Ausflugsverkehr – ein wesentlicher Bestandteil des Fremdenverkehrs, in Berichte zur Landesforschung und Landesplanung. Wien 1964, H. 2; Schulz, A., Der Erholungsverkehr in rheinischen Naturparken in Rheinische Heimatpflege NF, 1967, H. 4
37) Schulz, A., Der Erholungsverkehr im Naturpark Nordeifel, a. a. O., S. 22 ff
38) ders., Der Erholungsverkehr in der Voreifel, a. a. O. S. 18
39) Landesplanung Rheinland-Pfalz (Hrsg.) Rheinland-Pfalz. Der Fremdenverkehr a. a. O., S. 10
40) dito S. 10
41) a. a. O., S. 73
42) Christaller, W., Wandlungen des Fremdenverkehrs an der Bergstraße, im Odenwald und im Neckartal, in Geographische Rundschau, Jg. 15. Nr. 5, 1963, S. 216 ff., Schulz, A., Der Erholungsverkehr im Naturpark Siebengebirge unter besonderer Berücksichtigung der Tagesbesucher, in Berichte zur deutschen Landeskunde, 1967, Bd. 39

Literaturverzeichnis

ALBRECHT, I., (Bearb.), Untersuchungen zum Wochenendverkehr der Hamburger Bevölkerung, Gutachten des Instituts für Verkehrswissenschaft der Universität Hamburg, 1967

BAEDECKERS Autoreiseführer, Rhein-Mosel, Stuttgart 1969

BERNT, D., Der Erholungsraum der Wiener. Beiträge zu seiner Erforschung – Mitteilungen des österreichischen Instituts für Raumplanung, Wien 1966, Nr. 91/92

BIRKENHAUER, J., Die Eifel in ihrer Individualität und Gliederung, Kölner Geographische Arbeiten, H. 14, Köln 1960

BUCHWALD, K., BOSSE, M., Erholungsgebiete im Ausstrahlungsbereich der Großstadt Hannover, Gutachten des Institus für Landschaftspflege und Naturschutz, TH Hannover, 1966

CHRISTALLER, W., Wandlungen des Fremdenverkehrs an der Bergstraße, im Odenwald und im Neckartal, in: Geographische Rundschau, Jg. 15, Nr. 5, 1963

DERS., Wochenendausflüge und Wochenendsiedlungen in: Der Fremdenverkehr, Darmstadt 1966, Nr. 9

CZINKI, L., ZÜHLKE, W., Erholung und Regionalplanung, in: Raumforschung und Raumordnung, 24. Jg., 1966, H. 4

DAHMEN, F. W., Naturpark Nordeifel, Landschafts- und Einrichtungsplan, Köln 1967, Bd. I und II, Manuskript Landschaftsverband Rheinland, Beiträge zur Landesentwicklung, Nr. 5

DIVO, Untersuchung über den Wochenenderholungsverkehr im Ballungsgebiet Nordrhein-Westfalen, Frankfurt 1968

Der gelbe Führer, Teil VI. Eifel, Mosel, Hunsrück, Hannover o. J.

DIEDRICH, E., Naturpark Südeifel, Ein Entwicklungsprogramm, Landesplanung Rheinland-Pfalz 1960

DODT, J., Fremdenverkehrslandschaften und Fremdenverkehrsorte im Rheinischen Schiefergebirge, in: Die Mittelrheinlande = Festschrift zum 36. deutschen Geographentag, Bad Godesberg, Wiesbaden 1967

DERS., Der Fremdenverkehr im Moseltal zwischen Trier und Koblenz, Bad Godesberg 1967 = Forschungen zur deutschen Landeskunde Bd. 162

Erholungswesen und Raumordnung, Hannover 1963 = Forschungs- und Sitzungsberichte der Akademie für Raumforschung und Landesplanung Hannover, Bd. 25

EIFELVEREIN (Hrsg.) Eifelführer, 34. Aufl. Düren 1968

GEIGANT, F., Die Standorte des Fremdenverkehrs = Schriftenreihe des deutschen wirtschaftswissenschaftlichen Instituts für Fremdenverkehr München, H. 17, 1962

GESELLSCHAFT FÜR REGIONALE STRUKTURENTWICKLUNG E. V. (Hrsg.) Regionaler Raumordnungsplan Mittelrhein, Bonn 1968

GLÄSER, K., Der Fremdenverkehr in der Nordwesteifel und seine kulturgeographischen Auswirkungen, Diss. TH Aachen, 1969

GRIEBEN Reiseführer Nr. 28, Eifel, Ahrtal, München 1967

HAUBNER, K., Fremdenverkehr und Erholungswesen, in: Handwörterbuch für Raumforschung und Raumordnung, Hannover 1965

HOFFMANN, H., Über die Imageforschung bei den Verkehrsmitteln, Studienkreis für Tourismus e. V. Starnberg 1969

INSTITUT FÜR RAUMFORSCHUNG (Hrsg.): Die wirtschaftliche Entwicklung in den Fördergebieten des Bundes, Bd. 1, Eifel, Bad Godesberg 1963

INSTITUT FÜR ENTWICKLUNGSPLANUNG (IFE), Regionaler Raumordnungsplan Mosel-Saar, Essen 1968

ISBARY, G., Aufgaben der Erholungslandschaften im Einzugsbereich von Ballungsräumen, in: Der Fremdenverkehr 1962, Nr. 3-5

LACKINGER, O.: Der Ausflugsverkehr – ein wesentlicher Bestandteil des Fremdenverkehrs, in: Berichte zur Landesforschung und Landesplanung, Wien 1964, H. 2

LANDESPLANUNGSGEMEINSCHAFT RHEINLAND: Vorbericht zum Gebietsentwicklungsplan, Düsseldorf 1964

DERS., Gebietsentwicklungsplan Teilabschnitt Nordeifel, Düsseldorf 1971

LANDESPLANUNG RHEINLAND-PFALZ (Hrsg.): Rheinland-Pfalz, Der Fremdenverkehr, Betrachtungen über Zustand und Möglichkeiten, Mainz 1958

LANDESREGIERUNG NORDRHEIN-WESTFALEN: Nordrhein-Westfalen-Programm 1975, Düsseldorf 1970

MEYNEN, E., SCHMITHÜSEN, J., (u. a. Hrsg.), Handbuch der naturräumlichen Gliederung Deutschlands, Bad Godesberg 1953–1962

PAFFEN, K. H., Die natürliche Landschaft und ihre räumliche Gliederung. Eine methodische Untersuchung am Beispiel der Mittel- und Niederrheinlande, Remagen 1953 = Forschungen zur Deutschen Landeskunde Bd. 68

POSER, H., Geographische Studien über den Fremdenverkehr im Riesengebirge, Abh. d. Ges. d. Wiss. zu Göttingen, math. phys. Kl., 3 F., H. 20, 1939

PREUSS, G. (Hrsg.), Landschaftsplan Vulkaneifel, Kaiserslautern, 1968

RHEINLAND-PFALZ, STAATSKANZLEI (Hrsg.), Landesentwicklungsprogramm Rheinland-Pfalz, Mainz 1968

RHEINLAND-PFALZ, MIN. F. WIRTSCHAFT UND VERKEHR (Hrsg.), Entwicklungsprogramm für den Fremdenverkehr Rheinland-Pfalz, Mainz 1971

RUPPERT, K., MAIER, J., Naherholungsraum und Naherholungsverkehr. Ein sozial- und wirtschaftsgeographischer Literaturbericht zum Thema Wochenendtourismus, Starnberg 1969

DERS., Der Naherholungsraum einer Großstadtbevölkerung, dargestellt am Beispiel Münchens, in: Informationen, 1969, H. 2

DERS., Zum Standort der Fremdenverkehrsgeographie – Versuch eines Konzepts –, in: Zur Geographie des Freizeitverhaltens = Münchener Studien zur Sozial- und Wirtschaftsgeographie Bd. 6, München 1970

SCHOLZ, H., Regionaler Raumordnungsplan Westeifel, Osnabrück 1968

DERS., Planungsprobleme der Westeifel, in: Informationen, 17. Jh. Nr. 10, 1967

SCHULZ, A., Der Erholungsverkehr im Naturpark Nordeifel, Köln 1967 = Landschaftsverband Rheinland, Beiträge zur Landesentwicklung Nr. 5.1

DERS., Der Naturpark Nordeifel als Erholungsgebiet, in Natur und Landschaft, 43. Jg., 1968, H. 8

DERS., Der Erholungsverkehr in rheinischen Naturparken, in Rheinische Heimatpflege, NF 1967, H. 4

DERS., Der Erholungsverkehr im Naturpark Siebengebirge unter besonderer Berücksichtigung der Tagesbesucher, in Berichte zur deutschen Landeskunde, 1967, Bd. 39

DERS., Der Fremdenverkehr im Naturpark Siebengebirge, Köln 1969 = Landschaftsverband Rheinland, Beiträge zur Landesentwicklung Nr. 8.1

DERS., Der Erholungsverkehr im Naturpark Kottenforst-Ville, Köln 1969 = Landschaftsverband Rheinland, Beiträge zur Landesentwicklung Nr. 10.1

DERS., Der Erholungsverkehr im Bergischen Land, Köln 1970 = Landschaftsverband Rheinland, Beiträge zur Landesentwicklung Nr. 11.1

DERS., Der Erholungsverkehr in der Voreifel – Kreis Euskirchen-Süd –, Köln 1971, Landschaftsverband Rheinland, Beiträge zur Landesentwicklung Nr. 21

SIEFER, G., VOGT, W. R., Das Verhalten der Hamburger Wochenendfahrer in ausgewählten Wochenend-Erholungsgebieten = Untersuchung zum Wochenendverkehr der Hamburger Bevölkerung, Teil B, Universität Hamburg 1967

VEREIN ZUR FÖRDERUNG DES HOTEL- UND GASTGEWERBES E. V., Strukturuntersuchung Nordeifel, Teil I. und II., Düsseldorf

Statistische Berichte der Statistischen Landesämter Nordrhein-Westfalen und Rheinland-Pfalz

Anhang

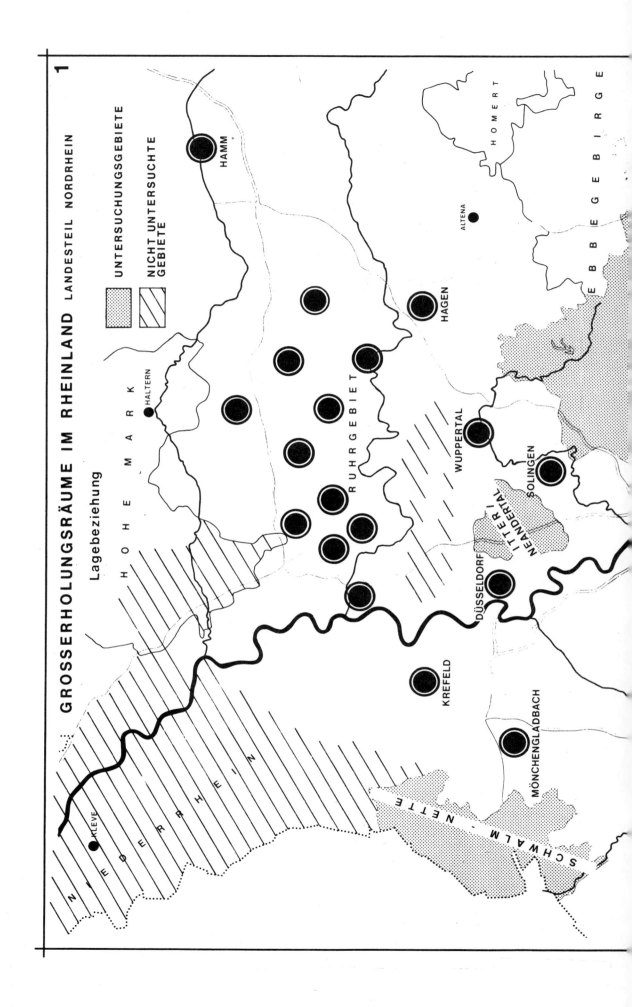

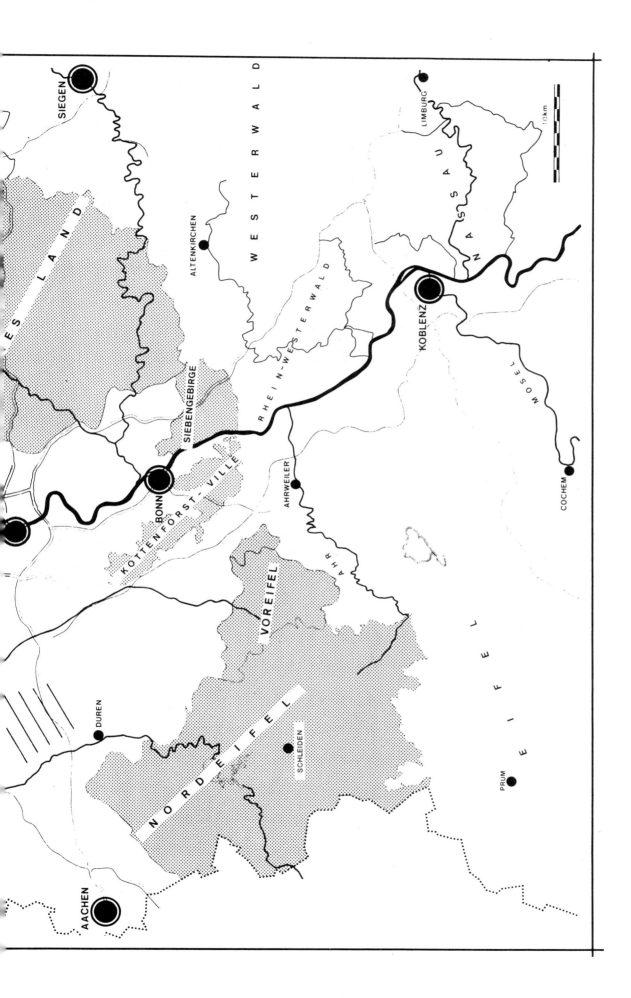

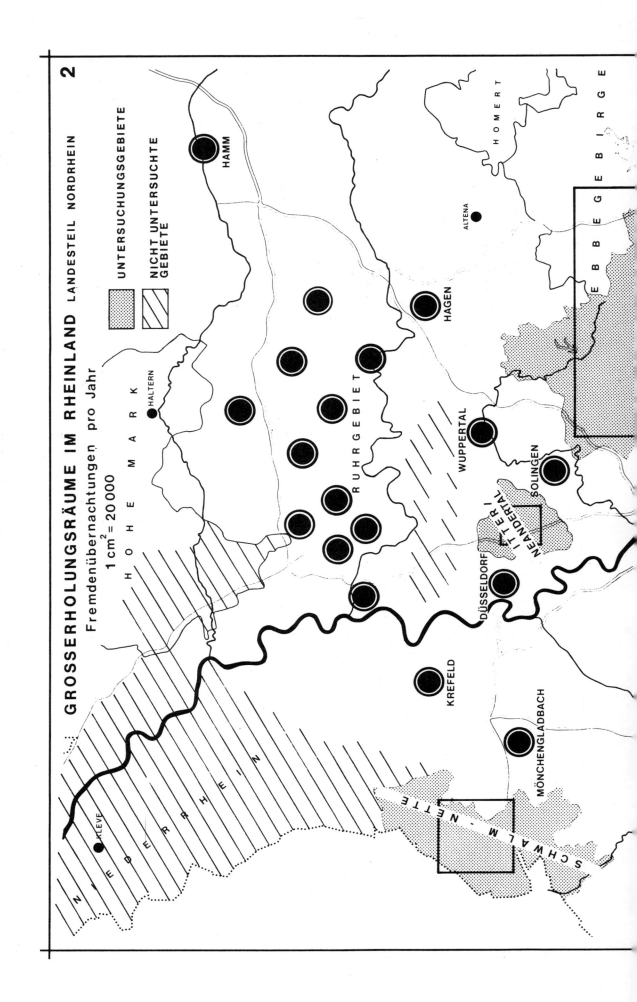

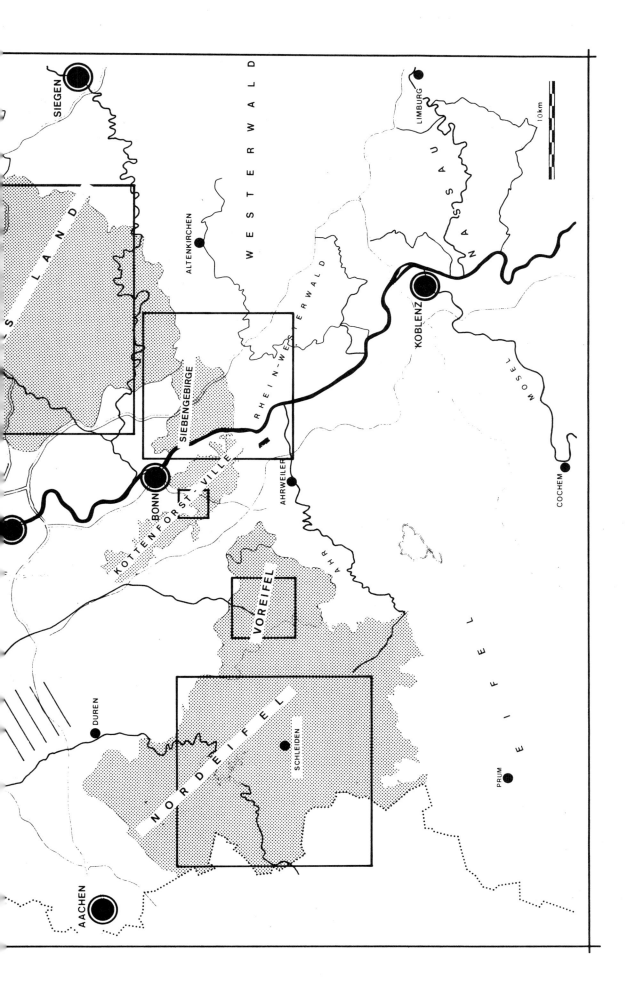

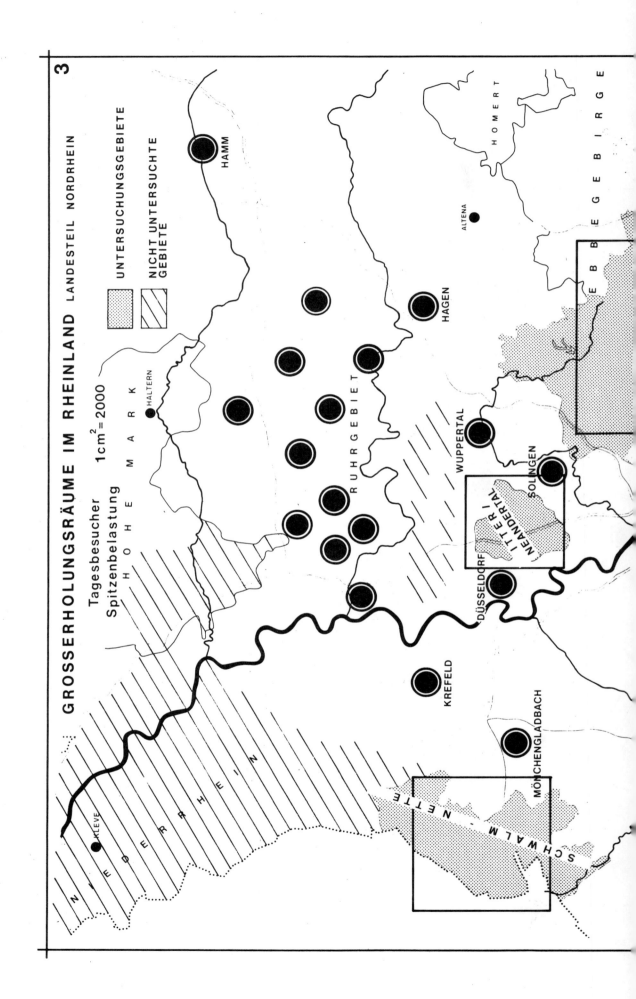

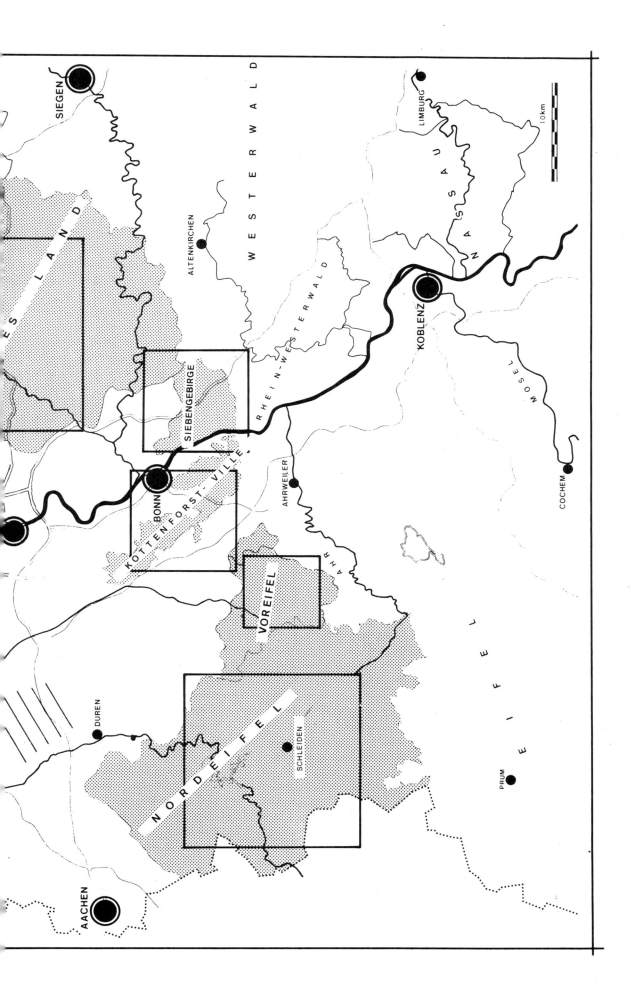

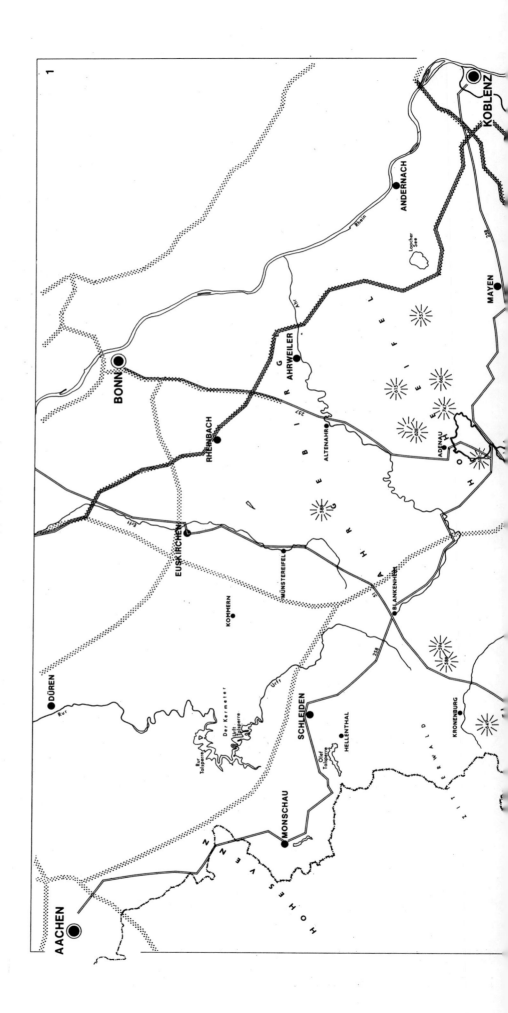

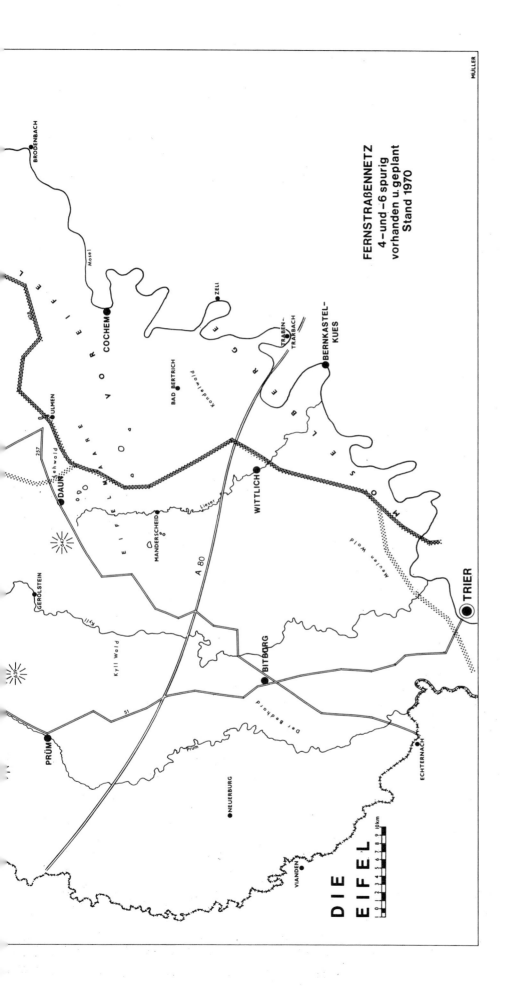

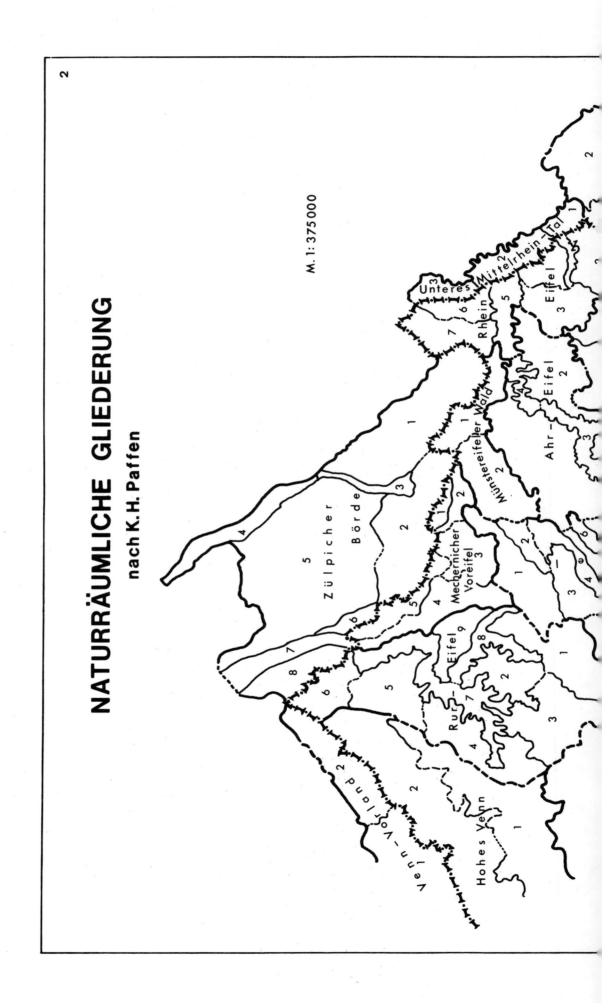

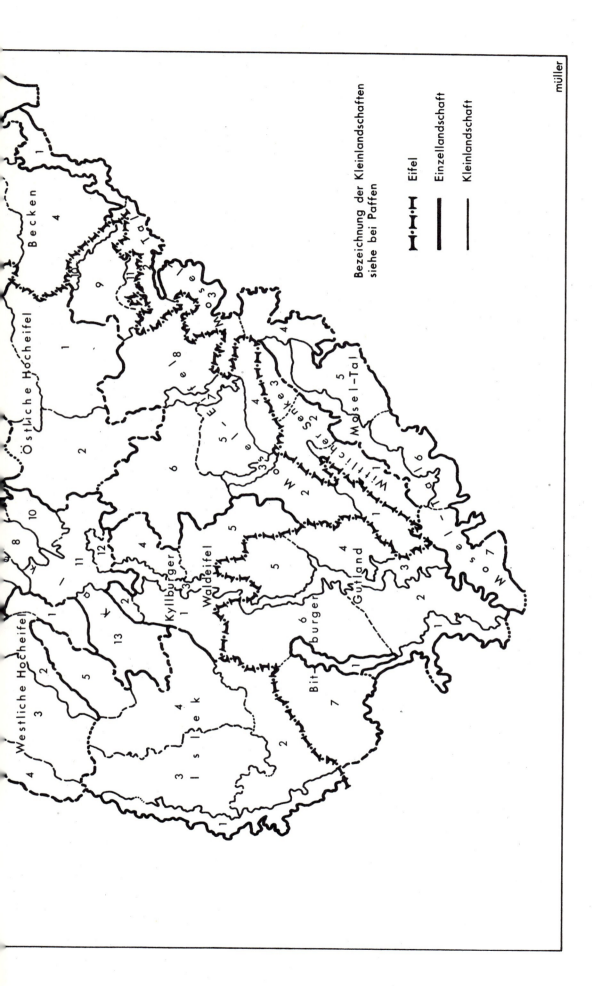

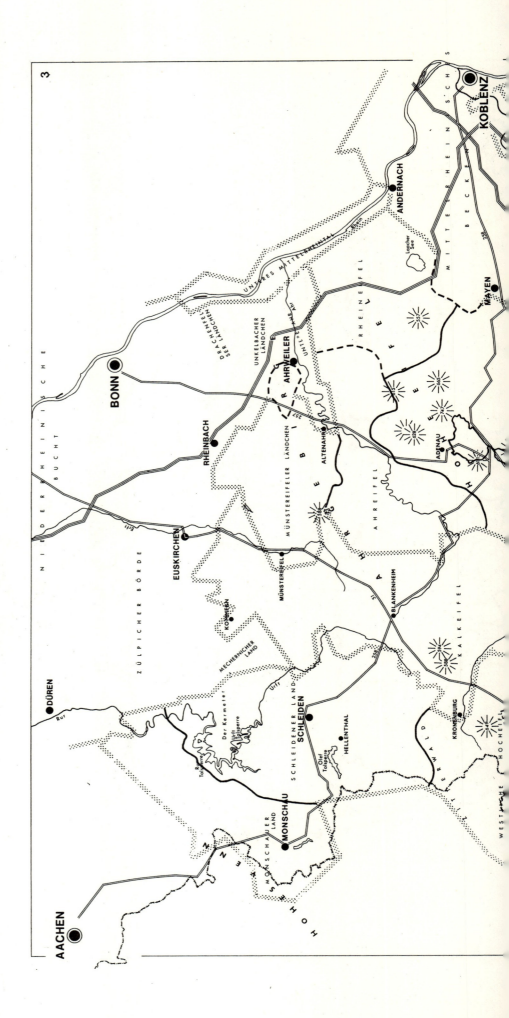

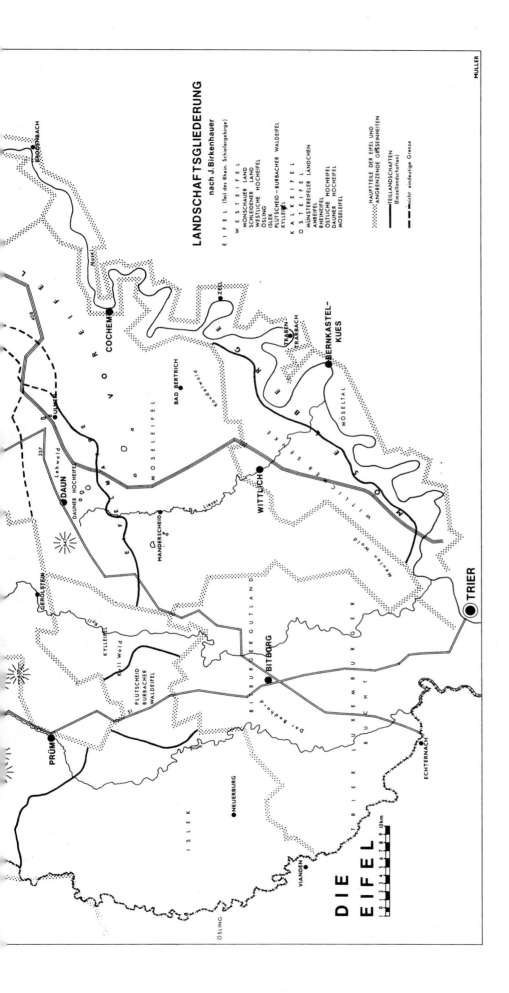

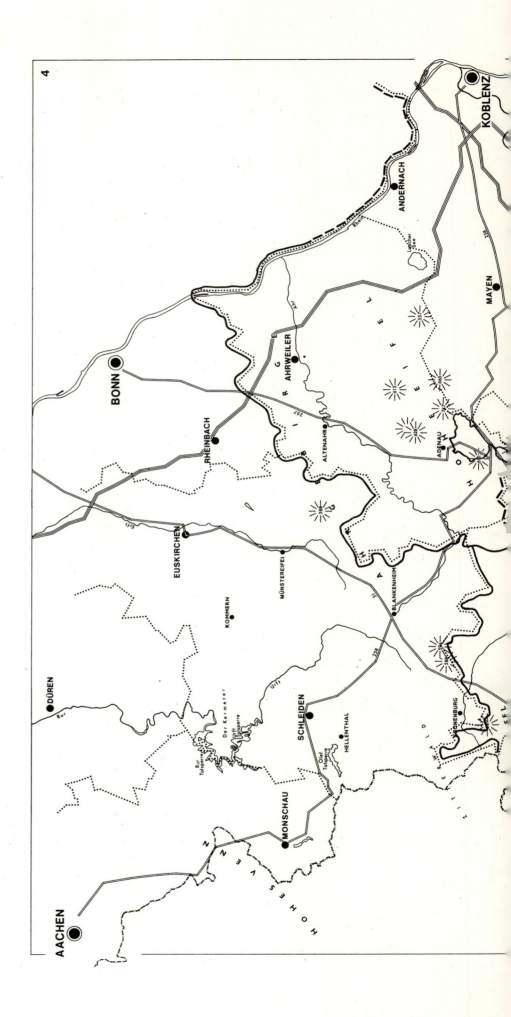

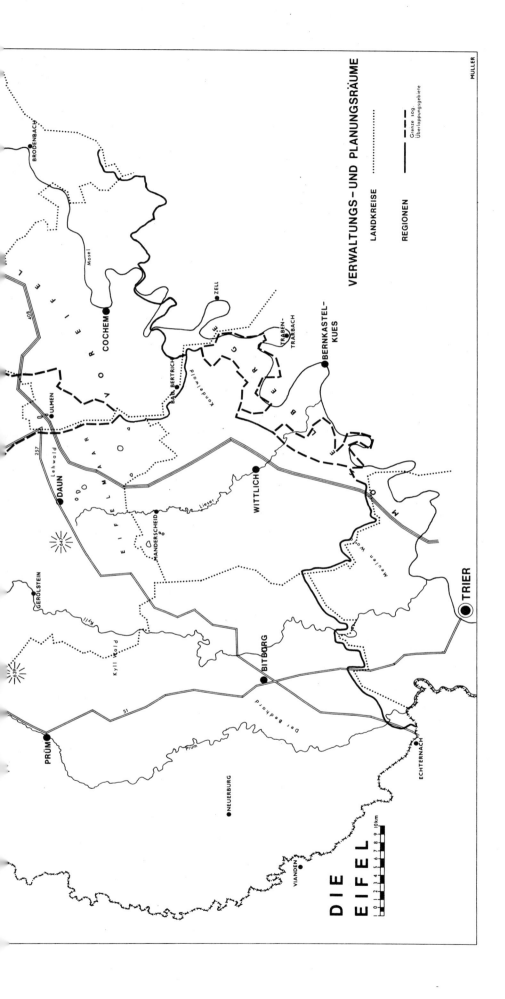

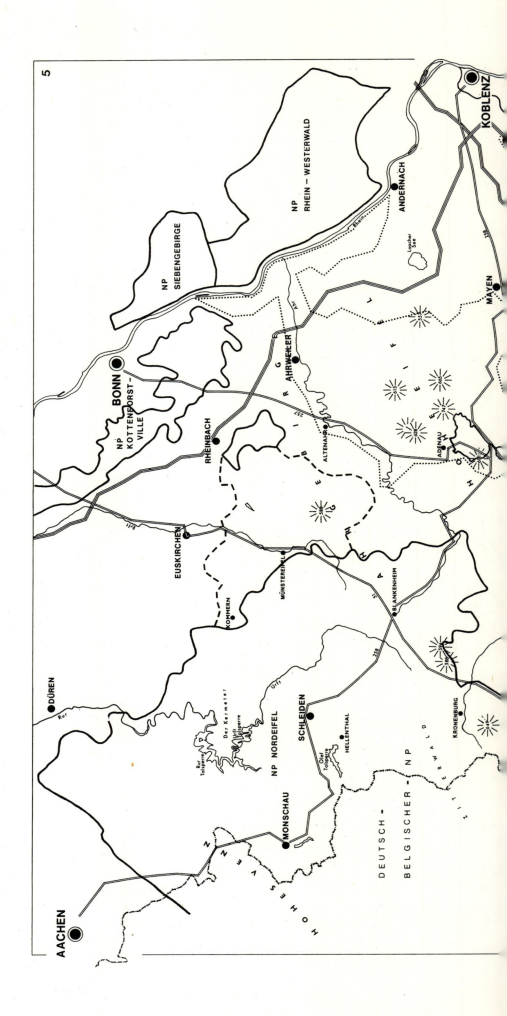

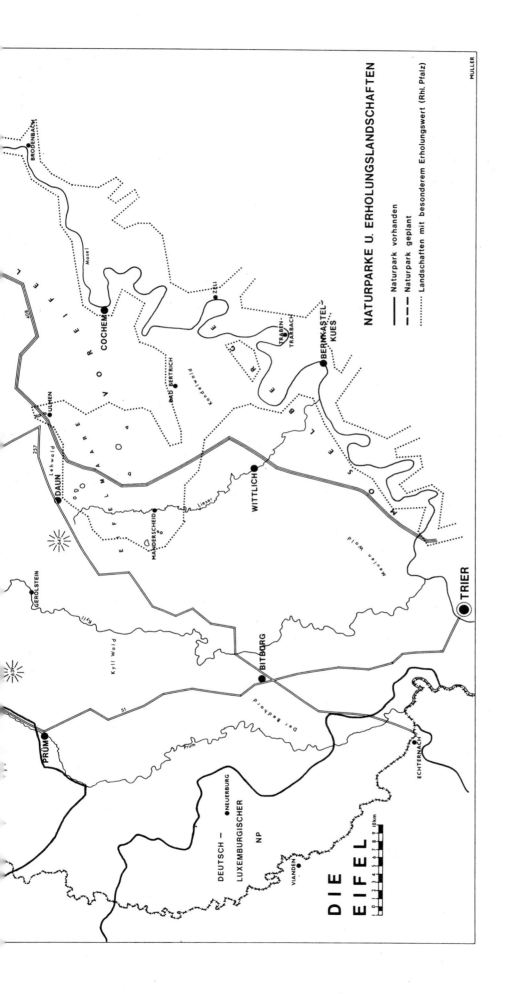

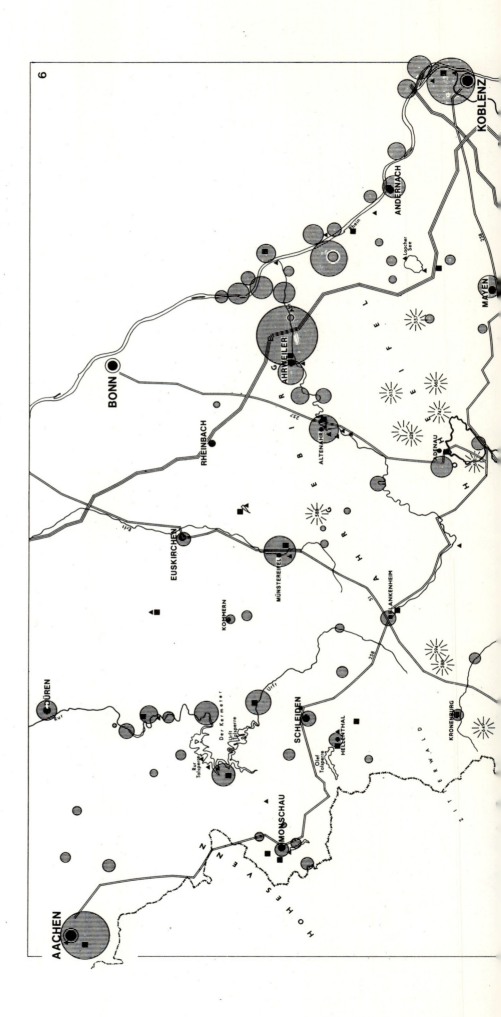

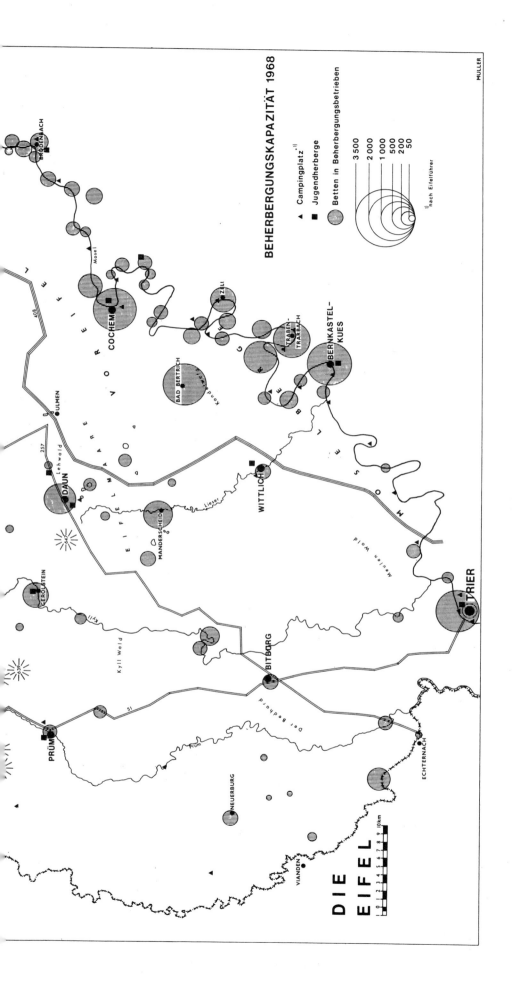

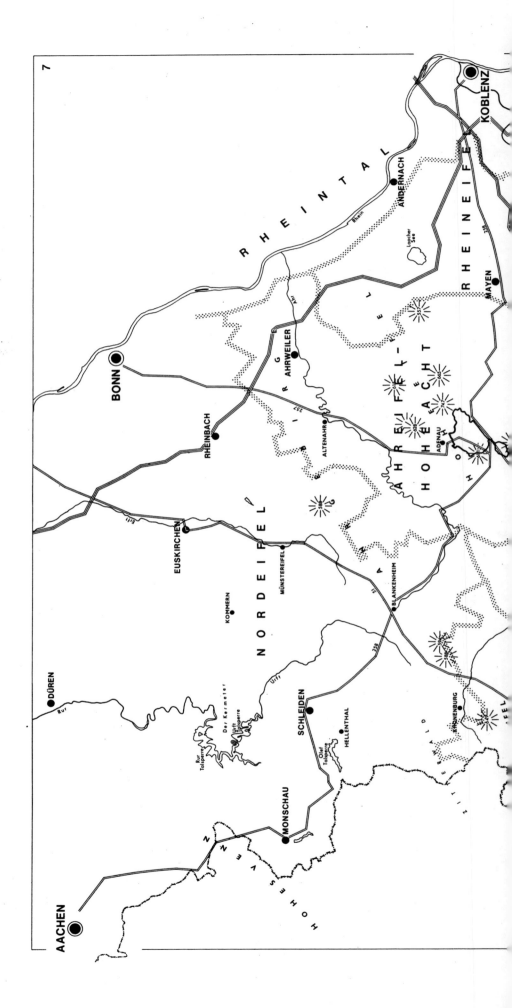

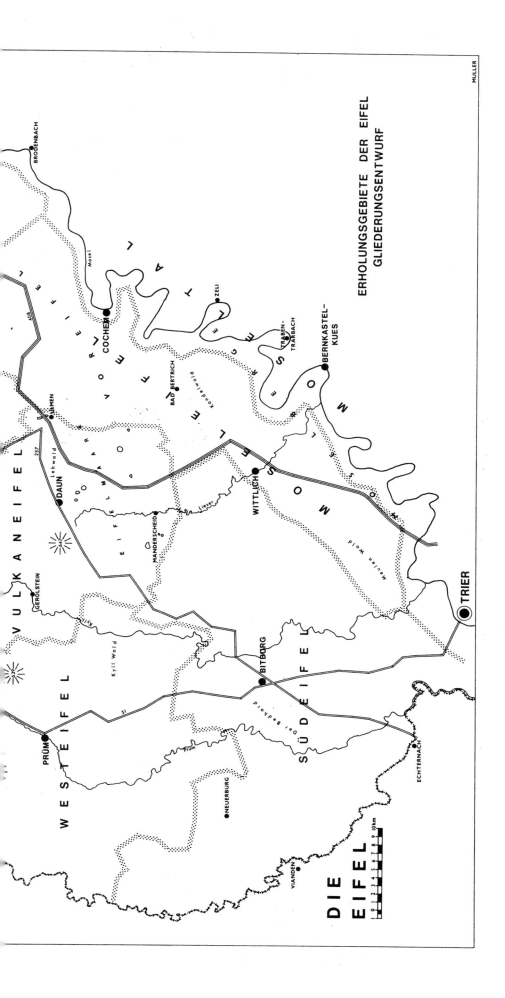

SCHRIFTENREIHE BEITRÄGE ZUR LANDESENTWICKLUNG

Herausgeber: Landschaftsverband Rheinland
REFERAT LANDSCHAFTSPFLEGE

Nr.	Verfasser	Titel	Ersch.-Jahr
1	Fried. Wilh. DAHMEN	Tag der rheinischen Landschaft 1966	1966 V
2	Fried. Wilh. DAHMEN, G. HERBST	Naturlehrpark Wildenrath im Naturpark Schwalm-Nette	1966 V
2.1	Friedr. Wilh. DAHMEN	Erforschung des Naturlehrparks Haus Wildenrath, Bd. I; Hrsg.: Landschaftsverband Rheinland — Referat Landschaftspflege — gemeinsam mit dem Kreis Erkelenz	1969 +
3	Friedr. Wilh. DAHMEN, Waldemar KÜHNEL	Naturpark Schwalm-Nette: Landschafts- und Einrichtungsplan, Teil Erholung, Vorläufige Fassung	1966 * V
3.1	Arndt SCHULZ	Naturpark Schwalm-Nette: Der Erholungsverkehr im Naturpark Schwalm-Nette, Grundlagenuntersuchung zum Landschafts- und Einrichtungsplan	1966 * V
3.2	Waltraud SCHNELL	Naturpark Schwalm-Nette: Die Tierwelt im Naturpark Schwalm-Nette, Grundlagenuntersuchung zum Landschafts- und Einrichtungsplan	1967 * V
4	Gottfried KÜHN, Herm. Josef BAUER	Landschaftsplan für die Gemeinde Eitorf	1967 *
5	Friedr. Wilh. DAHMEN	Naturpark Nordeifel: Landschafts- und Einrichtungsplan, Entwurf der Teile: Bisherige Bedeutung, Vorgeschichte und Entwicklung, Lage, Grenze, Eigenart, Erholung, Band I u. II	1967 * V
5.1	Arndt SCHULZ	Naturpark Nordeifel: Der Erholungsverkehr im Naturpark Nordeifel, Grundlagenuntersuchung zum Landschafts- und Einrichtungsplan	1967 * V
6.1	Gerta BAUER, Herm. Josef BAUER	Landschaftsplan für die Gemeinde Rosbach/Siegkreis, Landschaftsökologische Grundlagen	1968 * V
7.0	LV Rheinland REFERAT LANDSCHAFTSPFLEGE	Landschaftsplan für den Landkreis Kempen-Krefeld	1968 * V
8.1	Arndt SCHULZ	Naturpark Siebengebirge: Der Fremdenverkehr im Naturpark Siebengebirge, Grundlagenuntersuchung zum Landschafts- und Einrichtungsplan	1969 *
9.1	Jürgen KLASEN, Hans ENGLÄNDER, Ulrich JUX, Erwin PATZKE	Die Schlade — ein Trockental in der Bergisch Gladbach-Paffrather Kalkmulde	1969 *
10.1	Arndt SCHULZ	Naturpark Kottenforst-Ville: Der Erholungsverkehr im Naturpark Kottenforst-Ville, Grundlagenuntersuchung zum Landschafts- und Einrichtungsplan	1969 * V
11.1	Arndt SCHULZ	Naturpark Bergisches Land: Der Erholungsverkehr im Bergischen Land, Grundlagenuntersuchung für einen Naturpark Bergisches-Land	1969 * V
12	Friedr. Wilh. DAHMEN, Gisela DAHMEN, Ursula KISKER, Dieter K. MARTIN	Naturpark Haus Wildenrath: Führer zum pflanzenkundlichen Lehrpfad Bd. 4, 2. verbesserte und ergänzte Auflage. Hrsg.: Verein Linker Niederrhein	1969 +
13.2	Jochen HILD, Dieter K. MARTIN, Harald SCHWANN	Landschaftsplan Overath	1969 * V
14	Friedr. Wilh. DAHMEN, Ursula KISKER	Tag der Rheinischen Landschaft 1968, Tagungsbericht	1970
15	Gerta BAUER	Naturpark Kottenforst-Ville: Die geplanten Naturschutzgebiete im rekultivierten Südrevier des Kölner Braunkohlengebietes. Landschaftsökologisches Gutachten	1970 * V
16	Ursula KISKER	Tag der Rheinischen Landschaft 1970, Tagungsbericht	1971
17	Friedr. Wilh. DAHMEN, Wolfgang W. KINDINGER	Naherholungsgebiet Siegmündung, Landschafts- und Einrichtungsplan, Vorentwurf	1969 * V
18	Paul SCHNELL	Die Wirbeltiere der Dormagener Rheinaue, Oberkasseler Aue und Linksrheinischen Niederterrassenebene zwischen Worringen und Neuß. Hrsg.: Landschaftsverband Rheinland — Referat Landschaftspflege — gemeinsam mit dem Naturhistorischen Verein der Rheinlande und Westfalens, Bonn	1971
19	Gerta BAUER	Landschaftsökologische Untersuchung des Naturschutzgebietes »Entenfang« bei Wesseling. Hrsg.: Landschaftsverband Rheinland — Referat Landschaftspflege — gemeinsam mit dem Naturhistorischen Verein der Rheinlande und Westfalens, Bonn	1971 V
20	Waltraud u. Paul SCHNELL	Die Wirbeltiere im Ostteil des Kreises Kempen-Krefeld. Hrsg.: Landschaftsverband Rheinland — Referat Landschaftspflege — gemeinsam mit dem Naturhistorischen Verein der Rheinlande und Westfalens, Bonn	1971
21	Arndt SCHULZ	Der Erholungsverkehr in der Voreifel — Kreis Euskirchen-Süd	1971 *
22	Fried. Wilh. DAHMEN, Gisela DAHMEN, Ursula KISKER, Dieter K. MARTIN, W. H. DIEMONT	Naturlehrpark Haus Wildenrath: Führer zum pflanzenkundlichen Lehrpfad, Bd. 4 Niederländische Ausgabe von der 2. verbesserten und ergänzten Auflage. Hrsg.: Verein Linker Niederrhein	1971 +
23	Friedr. Wilh. DAHMEN	Landschaftsplanung, eine notwendige Ergänzung der Landes-, Orts- und raumbezogenen Fachplanung = Kleine Schriften des Deutschen Verbandes für Wohnungswesen, Städtebau und Raumplanung e. V., Nr. 51, Köln 1972	1971 *
24	Arndt SCHULZ	Das Freizeit- und Erholungsangebot im Freiraum	1971 *
25	Ursula KISKER, Rotraud WOLFF-STRAUB	Landschaftspflege am Niederrhein = Niederrheinisches Jahrbuch, Band XII. Hrsg.: Landschaftsverband Rheinland — Referat Landschaftspflege und Verein Linker Niederrhein	1973 +

* als Manuskript in geringer Anzahl vervielfältigt.
V vergriffen.
+ zu beziehen beim Verein Linker Niederrhein, Hauptgeschäftsstelle, 4150 Krefeld, Karls-Platz 14.